Conversa com o Senhor de Sacy sobre Epiteto e Montaigne
e outros escritos

BLAISE PASCAL

Conversa com o Senhor de Sacy sobre Epiteto e Montaigne
e outros escritos

*Organização, introdução, tradução,
notas e bibliografia comentada*
Flavio Fontenelle Loque

Tradução das citações latinas
Roberto Bolzani Filho

Copyright © 2014 Blaise Pascal

Grafia atualizada segundo o Acordo Ortográfico da Língua Portuguesa de 1990, que entrou em vigor no Brasil em 2009.

PUBLISHERS: Joana Monteleone

Haroldo Ceravolo Sereza

Roberto Cosso

EDIÇÃO: Joana Monteleone

EDITOR ASSISTENTE: João Paulo Putini

PROJETO GRÁFICO, CAPA E DIAGRAMAÇÃO: João Paulo Putini

ASSISTENTE ACADÊMICA: Danuza Vallim

REVISÃO: Maria da Glória Galante de Carvalho

IMAGEM DA CAPA: Imagem do *Memorial* – PASCAL, B. *Œuvres Complètes*, vol. III. Paris: Desclée de Brouwer, 1991 (Texte établi, présenté et annoté par J. Mesnard).

CIP-BRASIL. CATALOGAÇÃO NA PUBLICAÇÃO
SINDICATO NACIONAL DOS EDITORES DE LIVROS, RJ

P279c

Pascal, Blaise
CONVERSA COM O SENHOR DE SACY SOBRE EPITETO E
MONTAIGNE E OUTROS ESCRITOS
Blaise Pascal ; organização Flavio Fontenelle Loque. - 1. ed.
São Paulo : Alameda, 2014
142p.

Inclui bibliografia
ISBN 978-85-7939-279-5

1. Sucesso. 2. Transcendência (Filosofia). 3. Habilidades de vida. I. Loque, Flavio Fontenelle. II. Título.

14-13790

CDD: 158
CDU: 159.947

ALAMEDA CASA EDITORIAL

Rua Conselheiro Ramalho, 694 – Bela Vista

CEP: 01325-000 – São Paulo, SP

Tel.: (11) 3012-2400

www.alamedaeditorial.com.br

SUMÁRIO

A Conversa de Pascal com o Sr. de Sacy 7
ou Sobre a utilidade da leitura
de Epiteto e Montaigne

Bibliografia 35

Nota sobre a tradução 41

Conversa de Pascal com o Senhor de Sacy 47
sobre Epiteto e Montaigne

Memorial 87

Escrito sobre a conversão do pecador 91

Seleta dos *Pensamentos* 99

Leituras sugeridas 133

A CONVERSA DE PASCAL
COM O SR. DE SACY
ou
SOBRE A UTILIDADE DA LEITURA
DE EPITETO E MONTAIGNE

Data de 1728 a primeira publicação do opúsculo que veio a ser conhecido como *Conversa de Pascal com o Senhor de Sacy sobre Epiteto e Montaigne*. Eram passados sessenta e seis anos da morte de Blaise Pascal, ocorrida na madrugada de um longínquo dezenove de agosto, e, por isso, é compreensível a reação de espanto de algumas pessoas que acompanhavam seu espólio, como sua sobrinha, Marguerite Périer, então uma senhora octogenária, com o aparecimento dessa obra a que se atribui o nome de Pascal sem que ela constasse das coletâneas de manuscritos e cópias reunidas desde 1662. De fato, nas cerca de trinta páginas que o opúsculo recobria da *Continuation des Mémoires de littérature et d'histoire* (tomo V, parte 2), publicada em Paris sob a responsabilidade de Pierre Nicolas Desmolets, não havia indicação da fonte. Sua procedência, já conhecida por alguns, como pelo abade de Étémare, que a aponta em carta à Marguerite, iria se tornar patente alguns anos depois: eram as *Mémoires pour servir à l'histoire de Port-Royal* (tomo II), de Nicolas Fontaine, impressas apenas em 1736, em Utrecht, por Michel Tronchai.

N. Fontaine (1625-1709), secretário de Louis-Isaac Le Maistre de Sacy, o Sr. de Sacy (1613-1684), escreveu suas *Memórias* entre 1695 e 1698 e, dentre outras conversações, incluiu em sua volumosa lavra a *Conversa de Pascal com o Senhor de Sacy sobre Epiteto e Montaigne*, cujo título, por sinal, nem sempre é seguido por todos os editores. Muito já se discutiu acerca do modo como o opúsculo foi composto. Teria Fontaine presenciado um encontro entre Pascal e o Sr. de Sacy do qual ficou encarregado de fazer o registro? Ou será que pôs no papel um relato que lhe fora posteriormente feito? Poderia talvez ter se baseado em documentos escritos pelos dois interlocutores? Cartas? Estudos? Florilégios de Epiteto, Montaigne e também Santo Agostinho? Teria realmente acontecido, aliás, a conversa

Conversa com o Senhor de Sacy

entre Pascal e o Sr. de Sacy? Quando? Sob que condições? Se a fonte que legou a *Conversa* à posteridade são as *Memórias* de Fontaine, qual é, entretanto, a origem do texto? A fim de responder a essas questões, é preciso remontar a 1654, época importante na vida de Pascal, uma vez que delimita o término do que seus biógrafos chamam de período mundano.

Nos idos de 1646, Blaise, assim como toda a família Pascal, passara por uma conversão religiosa. Não que tivessem se tornado católicos apenas naquele momento; conversão, neste caso, significa antes a adoção de uma forma mais fervorosa de vida religiosa. Ocorre que, decorridos alguns anos, Blaise Pascal foi absorvido por outras atividades, sobretudo as relacionadas à matemática e à física, e pelo convívio com eruditos e doutos, grandes homens de ciência ou *savants*, como diriam os franceses. Embora nunca tenha abandonado o cristianismo, Pascal via-se então enredado em círculos que o atraíam por seus pendores científicos, mas pelos quais pouco a pouco foi perdendo o interesse. A julgar pelas cartas de sua irmã Jacqueline a sua outra irmã, Gilberte, datadas de 8 de dezembro de 1654 e 25 de janeiro de 1655, cartas que relatam confissões que o irmão lhe fizera, Pascal afirmava, há mais de um ano, sentir-se deslocado, revelando aversão e desapego pelas coisas do mundo que outrora lhe compraziam, sem, contudo, considerar-se capaz de se entregar a Deus. Ao longo de 1654, portanto, Pascal atribulava-se com uma crise, defrontava-se com um impasse, cujo ponto de culminância se daria na noite de 23 de novembro.

Naquela noite, Pascal teve uma experiência de arrebatamento religioso que o comoveu profundamente. Como indicam ambas as versões do célebre *Memorial*, aquela em papel e a cópia figurada do pergaminho, descobertas após sua morte costuradas no forro de seu gibão, Pascal parece ter sido contemplado por uma vivência fulgurante – "FOGO. Deus de Abraão, Deus de Isaac, Deus de Jacó, não dos filósofos e doutos. Certeza, alegria, certeza, sentimento, visão, alegria" – que reacendeu seu fervor cristão, fazendo com que se decidisse a postar-se à busca de Deus de maneira ao mesmo tempo mais consciente e profunda. Sabe-se que tal entrega não o faria abandonar definitivamente a matemática ou seu interesse por ciência, mas esse êxtase religioso o levaria a estreitar os laços com Port-Royal, primeiramente por meio de um retiro em que se submeteu à orientação de um diretor espiritual, o Sr. de Sacy.

Fundada no início do século XIII, Port-Royal era uma abadia cisterciense que acolhia vocações de religiosas. Em 1609, ela sofreu uma reforma, conduzida pela abadessa Angélique Arnauld, cujo principal objetivo era resgatar, sob o espírito de São Bernardo, a regra de São Bento. Como resultado, a abadia acabou por atrair mais noviças, levando à construção de um novo monastério, Port-Royal de Paris, e a um abandono temporário de Port-Royal des Champs, onde passaram a se abrigar alguns homens, os chamados solitários, de 1638 a 1648, ano no qual um grupo de monjas para lá retornou, fazendo com que eles o deixassem. Os solitários, não obstante, continuaram integrados ao monastério, já que frequentavam as cerimônias religiosas de sua igreja, mesmo levando uma vida solitária ou em pequenos grupos em moradas circunvizinhas. Esses importantes personagens dispersaram-se somente em 1679 devido à coação do poder real, cuja crescente oposição ao jansenismo levou Louis XIV a ordenar a destruição de Port-Royal des Champs em 1710-1711.

Desde 1640, quando foi postumamente publicado o *Augustinus* de Cornelius Jansen, bispo de Ypres, cognominado Jansênio (1585-1638), teve início uma série de controvérsias envolvendo Port-Royal em torno do que veio a se chamar jansenismo. Como é fácil notar, esse termo deriva do nome próprio daquele que se tornou o expoente dos embates entre jansenistas e seus maiores opositores, os jesuítas. Trata-se de uma designação polêmica jamais empregada, seja pelas religiosas de Port-Royal, seja pelos solitários, para designar a si mesmos, os quais não se julgavam nada além de discípulos de Santo Agostinho (354-430). A pretensão da obra de Jansênio era, segundo seus partidários, apenas retomar o pensamento agostiniano, considerado fundante da Igreja Católica. No entanto, as posições assumidas ou pretensamente assumidas no *Augustinus*, sobretudo com relação à graça, despertaram por parte dos jesuítas uma grande oposição em cujo enfrentamento haveria de se destacar Antoine Arnauld (1612-1694), o Grande Arnauld, como ficou conhecido, que já no início da década de 1640 passou a publicar obras em defesa dos condiscípulos de Santo Agostinho, como a *Apologie de M. Jansénius*, datada de 1644.

Fundamentalmente, a polêmica acerca do *Augustinus* versava sobre o intrincado problema da graça, do livre-arbítrio e da predestinação, mas a primeira condenação que recebeu, presente na encíclica *In Eminenti*, datada de 1642, deu-se apenas em cumprimento a dois decretos papais, de 1611 e 1625, que proibiam qualquer publicação sobre a graça. Não se fizera, por conseguinte, julgamento algum sobre a interpretação de Santo Agostinho, mas uma reiteração da interdição acerca do tema, donde também a censura a outras obras, pró e contra Jansênio. Tal condenação, porém, foi incapaz de estancar os embates já iniciados, os quais convergiram, graças à ação dos jesuítas, para uma disputa acerca de cinco proposições que se encontrariam, segundo eles, na obra de Jansênio. Consideradas heréticas, todas foram condenadas em 1653 pelo papa Inocêncio X na bula *Cum occasione*. A resposta a essa condenação, ocorrida em 1655, foi feita por meio de uma distinção entre fato e direito. Segundo Arnauld, as cinco proposições eram de direito condenáveis, mas, de fato, não se encontravam no *Augustinus*. Os críticos do jansenismo, insatisfeitos com essa distinção, naquele mesmo ano conceberam a ideia de um formulário que eclesiásticos e religiosos franceses deveriam assinar ratificando o caráter herético das cinco proposições. No ano seguinte, uma nova bula papal, agora de Alexandre VII, intitulada *Ad sacram*, condenava-as novamente, declarando-as ainda extraídas do *Augustinus* e tomadas no sentido que Jansênio lhes dera. Finalmente, em 1661, impôs-se a obrigação de assinar o formulário. Ao lado de Arnauld e outros solitários de Port-Royal, como Pierre Nicole (1625-1695), Pascal tomou parte nesses embates e na crítica aos jesuítas a ponto de se mobilizar a redigir as *Cartas Provinciais* (1656-1657), os *Escritos sobre a Graça* (1655-1657), e a se engajar nos *Escritos dos vigários de Paris* (1658), aprofundando assim seus vínculos com Port-Royal, embora, com relação ao formulário, tenha discordado de Arnauld e Nicole, que anuíram à assinatura.

É nesse contexto de debate acerca de Jansênio e do pensamento de Santo Agostinho que Pascal fez um retiro em Port-Royal des Champs em janeiro de 1655, após mais de um ano de crise pessoal e pouco depois da célebre noite de 23 de novembro de 1654. A princípio, hospedou-se no castelo do duque de Luynes (1620-1690), porém, não conseguindo o recolhimento a que aspirava, obteve um quarto entre os solitários. Jacqueline, que adentrara Port-Royal como noviça em 1652, nutria a expectativa de que o Sr. Singlin se ocupasse de seu irmão, mas ele acabou por indicar um substituto. Pascal teve como diretor espiritual o Sr. de Sacy, com quem, relata-nos Fontaine, haveria de realizar não apenas uma, mas algumas conversas.

A origem da *Conversa de Pascal com o Senhor de Sacy* remonta, portanto, ao retiro de Pascal. Acontece que Fontaine, seu autor, não presenciou os encontros entre os interlocutores, o que significa dizer que o opúsculo não é um relato testemunhal. Presume-se também, pelo período tardio em que as *Memórias* foram compostas, que não é simplesmente uma recordação de algo que lhe teria sido contado. Segundo P. Courcelle, trata-se de uma obra construída a partir de florilégios coligidos por Pascal e pelo Sr. de Sacy e não a partir de cartas, como sugeriu P.-L. Couchoud, apoiando-se no fato de que outras conversas presentes nas *Memórias* foram elaboradas com base em epístolas. J. Mesnard, por sua vez, considera-a fruto de um estudo de Epiteto e Montaigne feito por Pascal, ao qual o Sr. de Sacy acrescentara anotações marginais que teriam permitido delimitar as falas dos interlocutores. Note-se que, na passagem em que compara as filosofias estoica e cética, Pascal de fato refere-se a sua exposição como um "estudo". Certo é que, em todos esses casos, Fontaine tinha em mãos documentos cujo emprego permite que se considere a *Conversa* um opúsculo confiável e representativo do pensamento de Pascal naquele momento de sua vida.

Tradicionalmente, adotou-se uma versão do texto, inaugurada por Desmolets, na qual recortava-se as *Memórias* a partir do trecho em que Pascal é efetivamente citado. Recentemente, contudo, especialmente a partir da edição crítica de J. Mesnard, passou-se a delimitar o opúsculo de outra maneira, iniciando-o alguns parágrafos antes, isto é, num trecho no qual o Sr. de Sacy é apresentado e no qual se revela sua resistência ao cartesianismo e, de modo mais amplo, à filosofia. É essencial ressaltar, a propósito, que o contexto em que se dá o retiro de Pascal, para além dos embates envolvendo o jansenismo, é marcado pela disseminação do pensamento de René Descartes (1596-1650), que publicara, há mais de uma década, o *Discurso do Método* (1637), as *Meditações Metafísicas* (1641), cuja quarta seção de objeções provém de Arnauld, e os *Princípios de Filosofia* (1644). O próprio duque de Luynes, em cujo castelo Pascal é acolhido nos primeiros dias do retiro, publicara uma tradução francesa das *Meditações* em 1647. A penetração do cartesianismo é tamanha que Pascal chega a atribuir a Montaigne e aos céticos um argumento genuinamente cartesiano: o do Deus enganador.

A *Conversa de Pascal com o Senhor de Sacy* estrutura-se em torno de discursos de Pascal e do Sr. de Sacy, sendo que os deste último são mais curtos e, no caso da última intervenção, constitui-se apenas de um parágrafo escrito em linguagem indireta. Esquematicamente, tem-se o seguinte: um preâmbulo, o primeiro discurso de Pascal, uma primeira intervenção do Sr. de Sacy, o segundo discurso de Pascal, outra intervenção do Sr. de Sacy, o terceiro discurso de Pascal e um epílogo. O diálogo entre ambos, que aparentemente trataria exclusivamente de Epiteto e Montaigne, aborda na verdade muito mais que as filosofias estoica e cética, já que acaba por adentrar a teologia e discutir o valor da filosofia. Segundo J. Mesnard, a discussão acerca desse valor possui um caráter eminentemente pedagógico e remonta aos debates que então se travavam sobre a utilização de leituras filosóficas na educação. Entretanto, ainda que o caráter pedagógico esteja presente, ele não exime a reflexão pascaliana sobre a filosofia de uma dimensão apologética, como afirma a maior parte dos estudiosos, mesmo não se encontrando na *Conversa* uma série de desenvolvimentos conceituais presentes nos *Pensamentos*. Na discussão sobre a leitura de Epiteto e Montaigne, analisa-se sua utilidade para o cristianismo e, curiosamente, são as intervenções do próprio Sr. de Sacy que parecem conduzir Pascal a não apenas descrever os dois autores, mas a falar do modo como os relaciona à religião cristã, o que, a propósito, não é surpreendente num retiro em que se dão encontros de direção espiritual. Ponto central do opúsculo, resta saber como se dá a discussão do valor da filosofia ou de sua utilidade, tarefa para a qual é preciso percorrer toda a *Conversa*.

No preâmbulo, Fontaine realiza a apresentação dos interlocutores. Começa pelo Sr. de Sacy, exaltando sua moderação e o cuidado que dedica aos solitários. Ressaltam-se também sua filiação a Santo Agostinho e, sobretudo, sua resistência à filosofia, particularmente a de Descartes. Segundo Fontaine, muito se debatia entre os solitários a física cartesiana e a nova concepção, mecanicista, que se fazia do mundo e dos animais. O Sr. de Sacy, do qual Fontaine reproduz um discurso, considera-a uma mera novidade frente à filosofia de Aristóteles e não atribui a nenhuma delas qualquer valor quando comparadas à autoridade da Escritura. No que tange a Pascal, Fontaine reconhece-o como alguém renomado em toda a Europa por causa de seu saber matemático. De fato, Pascal já adquirira notoriedade por causa da máquina de calcular, a qual não deve ser confundida com a história da roleta, posterior ao período do retiro. Àquela altura, também não era desprezível sua fama proveniente das experiências sobre o vácuo, ainda que Fontaine a elas não se refira. Além da expressão de respeito, encontra-se no preâmbulo um pequeno relato da chegada de Pascal a Port-Royal, ocorrida após ele ter sido "enfim tocado por Deus". Ao que parece, o Sr. de Sacy estava receoso em recebê-lo, mas o acompanhou durante o retiro, dirigindo as "primeiras conversas" (note-se o plural empregado por Fontaine), conforme seu costume como diretor espiritual, para os assuntos mais adequados ao interlocutor. Por causa disso, admitindo Pascal que frequentava Epiteto e Montaigne, não poderia ser outro o mote da *Conversa*.

Segue-se daí o primeiro discurso de Pascal, que se subdivide em duas partes. Em primeiro lugar, elogio e crítica a Epiteto. Em segundo, um elogio a Montaigne ou, ao menos, um discurso que soa aos ouvidos do Sr. de Sacy como um elogio. Michel de Montaigne (1533-1592) é um autor renascentista que trata de inúmeros temas em seus *Ensaios*, originalmente publicados em 1580 e reeditados com abundantes alterações até sua morte. De todos os ensaios, Pascal privilegia um, citado nominalmente, *A Apologia de Raymond Sebond*, do qual destaca o ceticismo, corrente da filosofia helenística que se reavivou a partir do século XVI. Os representantes dessa corrente são, por um lado, os pirrônicos e, por outro, os acadêmicos, mas Pascal não se refere a eles senão por meio de Montaigne ou Santo Agostinho, dado que na *Conversa* não há qualquer citação nem dos livros de Sexto Empírico (*c.* II-III d.C.), nem dos *Acadêmicos* de Cícero (106-43 a.C.), as principais fontes primárias das duas vertentes do ceticismo antigo. Já Epiteto de Hierápolis (*c.*50-130 d.C.) é um filósofo pertencente ao estoicismo, corrente da filosofia antiga que floresceu a partir do período helenístico. Exescravo, o que chegou à posteridade de sua reflexão filosófica deve-se a um discípulo, Arriano, que compilou o *Manual* e as *Dissertações*, ambos bastante citados por Pascal, muitas vezes quase literalmente. A filosofia estoica era dividida por seus próprios partidários em lógica, física e ética, mas a ênfase de Pascal recai exclusivamente sobre essa terceira parte, pois seu intuito, mais do que introduzir os autores que lia, é avaliá-los do ponto de vista da moralidade e da concepção que fazem do ser humano. Não parece insignificante, a esse respeito, que seja empregado o verbo *tourner* para qualificar a maneira com que os dois autores são lidos. Fontaine poderia ter disposto de *interpréter*, mas opta por um termo mais forte e de difícil tradução, como se sugerisse que Pascal, literalmente, *torce* Epiteto e Montaigne. Pretenderia Fontaine insinuar assim o giro que se fará da filosofia à teologia? Seja como for, as afirmações de que Pascal sabe muito bem interpretá-los ou torcê-los ocorre apenas mais adiante na *Conversa*, depois do primeiro discurso que se inicia com o elogio a Epiteto.

Segundo Pascal, Epiteto merece louvor por ter conhecido qual é o dever do ser humano: submeter-se a Deus. É dever observá-lo em todas as coisas e acolher com benevolência tudo o que acontece, pois nada escapa a seu governo. Agindo dessa maneira, não há sentido em lamentar-se por qualquer episódio, nem em desejar algo que cabe a outrem, porquanto o ser perfeito dirige todos os acontecimentos. Cada um deve cumprir seu próprio papel, qualquer que seja ele, diz Pascal empregando a metáfora do teatro extraída do *Manual*, pouco antes de concluir o elogio dizendo que "ele [Epiteto] não se cansa de repetir que todo estudo e desejo do homem deve ser de reconhecer a vontade de Deus e segui-la". A crítica ao filósofo estoico, por sua vez, ancora-se no fato de que ele não reconheceu, segundo Pascal, o que o ser humano é de fato capaz de fazer. Embora conhecendo o dever, equivocou-se quanto ao poder, tombando na presunção e na soberba. O erro de Epiteto é presumir que o ser humano tem os meios para cumprir seu dever, isto é, que pode conhecer plenamente a Deus, alcançando a virtude e assim tornando-se feliz.

Segue-se a essa crítica, ainda no primeiro discurso de Pascal, uma reflexão sobre Montaigne, que se constitui num contraponto à arrogância estoica, donde o sentido de ser tomada como um elogio. A exposição pascaliana centra-se no modo como Montaigne compreende o ser humano, inteiramente destituído da revelação. Dessa perspectiva, Pascal ressalta que Montaigne é conduzido a uma enorme dúvida, que chega a duvidar de si mesma e só é exprimível por meio de uma interrogação: "Que sei eu?". Como consequência, Montaigne é dito um "puro pirrônico" porque, dada a dúvida, seria impossível optar entre posições contraditórias que, se fossem colocadas nos pratos de uma balança, chegariam sempre a um equilíbrio. O objetivo dos *Ensaios* é, com efeito, explicitar a fragilidade das opiniões humanas e até zombar do que é tomado como certeza (*assurance*). Baseando-se na *Apologia de Raymond Sebond*, Pascal destaca a crítica montaigniana àqueles que se vangloriam da razão e de sua capacidade demonstrativa, em especial os heréticos e os ateus. Um conjunto de parágrafos constituídos somente de interrogações, parágrafos nos quais

Conversa com o Senhor de Sacy

se questionam diferentes saberes e ciências, além dos próprios princípios do conhecimento (passagem em que é usado o argumento cartesiano do Deus enganador), encarrega-se de levar ao clímax a ênfase sobre a ignorância humana. A conclusão de Pascal ao elogio a Montaigne é dizer que a dúvida combate a insolência de quem se ancora na razão isenta da fé e afirmar que se deve reconhecer a fraqueza da racionalidade com uma humildade sincera.

Neste momento, irrompe a primeira intervenção do Sr. de Sacy, que ficou espantado com a organização do discurso de Pascal, em particular da parte em que tratou de Montaigne. O Sr. de Sacy admite a argúcia (*esprit*) do autor dos *Ensaios*, mas lhe faz uma reprimenda inspirado na vida de Santo Agostinho. Tomando-o como modelo de convertido, ele relembra Pascal da trajetória descrita nas *Confissões*: graças aos acadêmicos, Santo Agostinho deixou o maniqueísmo, mas, depois, voltando-se a Deus, abandonou o ceticismo. Se assim é, pergunta o Sr. de Sacy, "que necessidade tinha Montaigne de distrair o espírito renovando uma doutrina que soa agora aos cristãos como uma loucura?" Montaigne utilizou mal sua argúcia, que bem poderia ter sido empregada, é o que diz o Sr. de Sacy, a favor de Deus e não do demônio. Aos céticos antigos, pode-se perdoar; porém, por que um autor, nascido na cristandade, haveria de reavivar a dúvida? Não é o caso de ir direto à Escritura e os Padres da Igreja? E também não seria o caso de Pascal deixar os céticos para trás, agora que se voltou a Deus, como Santo Agostinho fizera? Notadamente, o tom da fala do Sr. de Sacy e de várias das citações que realiza é refratário à filosofia, não obstante ter o ceticismo como alvo primário. Seu objetivo é desmerecê-la como um todo, como ilustram as metáforas que utiliza, das quais é preciso destacar uma muito relevante: prazer perigoso. Trata-se de uma metáfora crucial porque, ilustrando o risco da filosofia, dará a Pascal o ensejo de argumentar que, de algum modo, ela pode ser útil e, por isso, não deve ser posta à parte, como o Sr. de Sacy preconiza com relação a Montaigne. Contudo, a despeito das observações derrogatórias sobre a filosofia, o Sr. de Sacy afirma que Pascal não ficou seduzido pela eloquência ou prazer dos *Ensaios*, ainda que reitere, apropriando-se de uma citação de São Paulo feita por Santo Agostinho, o quanto são perigosas a filosofia e as sutilizas vãs.

Assim termina a primeira intervenção do Sr. de Sacy, que coloca nas entrelinhas o problema da utilidade da filosofia. Será que, como ele parece indicar, ela só envolve riscos? A tentação da beleza e do agrado, a vaidade e o encantamento, seria a filosofia apenas uma ilusão? Pascal agradece-lhe pela admoestação e, dizendo-se capaz de interpretar Santo Agostinho melhor do que fizera com Montaigne, inicia seu segundo discurso apresentando sua crítica ao autor dos *Ensaios*, literalmente a seguinte: não ter seguido as regras da Igreja na moral. Montaigne, recostando-se na dúvida, na ignorância, propõe que não vale a pena preocupar-se com a procura da verdade e do bem, há tempos buscados e jamais encontrados. Mais cômodo é repousar-se e aderir aos hábitos e costumes da tradição, agindo sempre sem alarde e com a consciência de que inexiste um fundamento último para justificar a ação, como pensam as pessoas comuns e os dogmáticos. Se existe a virtude, ela deve ser agradável e brincalhona, nunca séria e exigente. De modo semelhante, a felicidade não está no esforço, mas na ociosidade, na recusa em desgastar-se com uma busca infindável e infrutífera que pretensamente suplantaria a ignorância e a dúvida. Em outras palavras, a crítica pascaliana a Montaigne, como ficará ainda mais claro quando for confrontado a Epiteto, é ter extraído do ceticismo uma moralidade laxista que prescinde da religião.

Apresentados os dois autores, Pascal tem todos os elementos necessários para avançar em sua exposição. A partir de agora, ele explicita sua compreensão do modo como a leitura de Epiteto e Montaigne se relaciona ao cristianismo e, assim, embrenha-se na questão da utilidade da filosofia, o que havia sido instigado a fazer pelo Sr. de Sacy. Inicia-se, pois, uma contraposição entre as filosofias de Epiteto e Montaigne, mas não sem antes duas observações preciosas de Pascal. Em primeiro lugar, a de que estoicismo e ceticismo, ao menos como são interpretados na *Conversa*, representam as duas únicas alternativas que se colocam à razão: ou Deus existe e nele está o bem ou Deus é incerto e o bem também o é. O pensamento dos dois filósofos esgota as possibilidades da razão frente à existência de Deus e do bem e, por isso, não há nada de arbitrário ou de idiossincrático em considerar Epiteto e Montaigne como paradigmáticos da filosofia. É à luz dessa disjunção que Pascal os contrapõe, assinalando em que aspecto cada um deles coincide e se afasta do que chama de verdadeira sabedoria. A segunda observação de Pascal relaciona-se a sua anuência à admoestação do Sr. de Sacy, que expusera "a pouca utilidade que os cristãos podem extrair dessas leituras filosóficas". Não é que Pascal, em conformidade com seu diretor espiritual, chegue a considerá-las irrevogavelmente inúteis. Muito pelo contrário. Quando polidamente solicita-lhe a licença para avançar em seu discurso, ele o fará porque pensa o valor da filosofia no que concerne a seu caráter apologético, isto é, à possibilidade de que auxilie incrédulos a inteirar-se do cristianismo. Os cristãos não precisam ser conduzidos à fé. Se Epiteto e Montaigne têm alguma utilidade, ela deve ser medida frente a quem ainda não se curvou ao Cristo. São os incrédulos que precisam ser recuperados de seu extravio e a filosofia, que muitas vezes lhes é cara, pode ser uma excelente propedêutica – desde que sua deficiência seja percebida e interpretada adequadamente.

O ponto fulcral da compreensão pascaliana das limitações de Epiteto e Montaigne diz respeito ao fato de eles terem desconhecido a dualidade humana. Para Pascal, o estado presente do ser humano distingue-se daquele da criação. O humano está cindido em duas naturezas, uma correspondendo à grandeza, outra à miséria. Quando se tem em mente a grandeza, o dever tal como os estoicos o conceberam, é ao estado de criação que se deve remontá-la. Quando se considera a miséria, a inanidade da razão apontada pelos céticos, é preciso atribuí-la ao estado de corrupção. Grandeza e miséria humanas, por causa disso, não podem assentar-se num mesmo sujeito, o que significa que devem ser associadas, ora a um estado, ora a outro. Todavia, sem a perspectiva da totalidade, era impossível a Epiteto e Montaigne detectar a parcialidade de suas reflexões e, como nenhum dos dois compreendeu a dicotomia que subjaz ao ser humano, não é casual que tenham incorrido em vícios: Epiteto, elevando sobremaneira o ser humano, no da soberba, presunção, insolência ou orgulho; Montaigne, rebaixando-o em demasia, no da preguiça ou indolência.

Ressalte-se, pois, que a reflexão pascaliana comporta duas dimensões: uma antropológica, outra moral. Para Pascal, as filosofias de Epiteto e Montaigne conduzem a vícios que correspondem e decorrem da concepção que fazem do ser humano. Entrelaçam-se antropologia e moralidade: no caso do estoicismo, por desconsiderar a corrupção, tomba-se no orgulho; no do ceticismo, por alhear-se da primeira natureza, cai-se na indolência. Entretanto, ainda que cada um dos dois autores se encontre num dos extremos do espectro da filosofia, não se pode uni--los com vistas a uma compreensão abrangente do ser humano e à constituição de uma moralidade perfeita. Embora parciais, as filosofias de Epiteto e Montaigne são antagônicas e não

Conversa com o Senhor de Sacy

complementares. Elas se contradizem e, consequentemente, a conciliação só pode realizar-se com a elevação a outro patamar, ou seja, aderindo-se ao ponto de vista cristão, único a explicar a contrariedade. Apenas a religião cristã abarca o ser humano em sua completude e exatamente por essa razão harmoniza as melhores e fracassadas tentativas feitas para compreendê-lo. Dado que as reflexões de Epiteto e Montaigne prescindem da doutrina da Queda, a ambos necessariamente escapa a dualidade humana e, como já dito, suas filosofias tornam-se incompatíveis por atribuir a um mesmo sujeito características que devem ser dispostas em sujeitos diferentes. Qualquer tentativa de amalgamá-los está condenada ao fracasso. Sendo assim, o que resta senão aceder ao Evangelho? O que mais convém senão perceber a sublimidade do Cristo, homem divino ou divino homem, que reúne em si grandeza e miséria, e é o arquétipo da condição humana? Como recusar o cristianismo, sem o qual as contradições do ser humano permanecerão para sempre inexplicadas? O pressuposto fundamental da argumentação pascaliana é que, sem a adoção do cristianismo, o ser humano permanecerá sempre um enigma para si mesmo. Se há que se explicar as contradições da condição humana e das filosofias que dela pretendem dar conta, é impossível fugir da religião cristã.

O Sr. de Sacy, em sua segunda e última intervenção, revela-se surpreso com o que ouvira, indicando jamais esperar a interpretação que Pascal expôs. Estaria ele admirado com sua originalidade? Fato é que o Sr. de Sacy obliquamente se contrapõe ao que lhe fora dito, embora admita que aquelas leituras foram úteis a Pascal. Acontece, diz ele, que nem todos possuem argúcia bastante para enfrentar Epiteto e Montaigne e chegar às mesmas conclusões, nem todos saberiam julgá-los adequadamente e "extrair as pérolas do meio do estrume". Como resultado, o Sr. de Sacy, ao mesmo tempo em que reconhece o valor dessas leituras para Pascal, confessa que não as aconselharia inadvertidamente às pessoas por medo de pôr a fé a perder. A julgar por essa intervenção, registrada por Fontaine em linguagem indireta, o Sr. de Sacy acredita que a filosofia é por demais arriscada, que muito poucas pessoas seriam capazes de interpretar Epiteto e Montaigne de modo a perceber suas insuficiências e desembocar na religião cristã. Ele aceita que esses autores, desde que bem lidos, possam conduzir a uma compreensão do cristianismo, isto é, que são úteis para a doutrina cristã, mas quem, senão raras pessoas como Pascal, teria capacidade para lê-los proveitosamente? Não fosse o risco de abalarem a fé dos que não têm penetração de espírito suficiente, entenda-se: da maioria das pessoas, Epiteto e Montaigne poderiam ser difundidos sem restrições.

A esse alerta do Sr. de Sacy quanto à filosofia, que mitiga o da primeira intervenção, Pascal apresenta, em seu discurso final, uma resposta curta, que se resume no seguinte: a filosofia de Epiteto serve para desconcertar todos aqueles que buscam a felicidade em qualquer coisa que não seja Deus; a de Montaigne, para desabusar quem crê nas verdades científicas ou, apartado da fé, julga-se detentor da verdadeira justiça. Pascal considera que a leitura simultânea de Epiteto e Montaigne é incapaz de produzir grande mal, como literalmente afirma, porque, instigado pelos dois filósofos, o leitor será conduzido a uma situação em que, a um só tempo, não poderá tombar nos vícios do orgulho e da preguiça, nem encontrar um repouso satisfatório. Em outros termos, Pascal presume que, juntas, essas leituras são capazes de desacomodar as pessoas, arrancando-as de sua zona usual de conforto, para lançá-las num redemoinho cuja escapatória está no cristianismo. Na sua derradeira resposta ao Sr. de Sacy, é como se Pascal lhe dissesse que, além da utilidade para a compreensão da condição humana e da religião cristã, há uma outra, concernente à moralidade, na medida em que a filosofia pode suscitar a busca da fé por meio de uma mudança na conduta.

Assim termina o diálogo entre Pascal e o Sr. de Sacy e Fontaine discorre nas poucas linhas subsequentes sobre o acordo entre os interlocutores. Segundo ele, teria havido uma concordância acerca da leitura de Epiteto e Montaigne, que, ao que tudo indica, deve-se ao fato de Pascal, no final de seu último discurso, ter admitido que a leitura dos dois autores deve ser ofertada com cuidado, discernimento e adequação àquele a quem ela é aconselhada. Há que se considerar quem tem condições de fazê-la, pois, como ilustrou o Sr. de Sacy, só os bons médicos conseguem transformar veneno em remédio.

A *Conversa de Pascal com o Sr. de Sacy sobre Epiteto e Montaigne*, portanto, está eivada de antíteses. Por um lado, Epiteto, o estoicismo, o dever e o orgulho, a grandeza e a incompreensão da corrupção. Por outro, Montaigne, o ceticismo, a impotência e a indolência, a miséria e a incompreensão da primeira natureza. Em meio a tais oposições, posta pelo Sr. de Sacy, encontra-se a questão da leitura dos dois filósofos ou da utilidade e risco da filosofia. A conclusão pascaliana? A de que a filosofia, a despeito do seu perigo, não

Conversa com o Senhor de Sacy

deve ser descartada: em primeiro lugar, porque, dadas suas contradições e a incapacidade de explicar a condição humana, pode levar a uma compreensão do cristianismo; em segundo, porque, perturbando os vícios, pode levar ao impulso pela fé. Dessa maneira, mesmo quem não for capaz de interpretar Epiteto e Montaigne a ponto de deles alçar-se à compreensão cristã da dualidade humana poderá se beneficiar com sua leitura na medida em que será fustigado a agir e viver de uma maneira nova. Eis o valor da leitura desses autores, ao menos em potencial: ela desafia a razão a superar-se e instiga a vontade a reorientar-se. Se a filosofia é útil, enfim, é porque conduz para além de si mesma.

Paris, janeiro de 2011

BIBLIOGRAFIA

ADORNO, F. P. *Pascal*. Trad. M. Laranjeira. São Paulo: Estação Liberdade, 2008.

ATTALI, J. *Blaise Pascal ou o gênio francês*. Trad. I. C. Benedetti. Bauru: Edusc, 2003.

CARRAUD, V. *Pascal et la Philosophie*. 2ᵉ ed. revue et corrigé. Paris: PUF, 2007.

_____ "Le jansénisme". *Bibliothèque électronique de Port-Royal*, Deuxième Série, 2007. Disponível em: <http://www.amisdeportroyal. org/articles.php?lng=fr&pg=282>. Acesso em: 30 ago. 2010.

COGNET, L. *Le jansénisme*. 3ª ed. Paris: PUF, 1968.

_____. "Pascal et Port-Royal". In: *Pascal: textes du tricentenaire*. Paris: Arthème Fayard, 1963, p. 98-104

COUCHOUD, P.-L. "L'Entretien de Pascal avec M. de Sacy a-t-il eu lieu?". *Mercure de France*, n. I-II, 1951, p. 216-228.

COURCELLE, P. *L'Entretien de Pascal et Sacy, ses sources et ses énigmes*. Paris: Vrin, 1960.

DELASSAULT, G. *Le Maistre de Sacy et son temps*. Paris: Nizet, 1957.

FONTAINE, N. *Mémoires ou Histoire des Solitaires de Port-Royal*. Paris: Honoré Champion, 2001 (éd. critique: P. Thouvenin).

GOUHIER, H. *Blaise Pascal: conversão e apologética*. Trad. E. Itokazu e H. Santiago. São Paulo: Discurso Editorial, 2005.

_____. *Blaise Pascal. Commentaires*. 3ª ed. Paris: Vrin, 1984.

_____. *Études sur l'histoire des idées en France depuis le XVIIᵉ siècle*. Paris: Vrin, 1980.

GOUNELLE, A. *L'Entretien de Pascal avec M. de Sacy. Étude et Commentaire*. Paris: PUF, 1966.

LEBRUN, G. *Pascal: voltas, desvios e reviravoltas*. Trad. L. R. Fortes. São Paulo: Brasiliense, 1983.

MAEDA, Y. "L'Entretien avec M. de Sacy". In: BAR-
NES, A. *et al. Écrits sur Pascal*. Paris: Éditions
du Luxembourg, 1959, p. 9-19.

MAGNARD, P. "Utilité et inutilité de la philosophie
selon Pascal". *Philosophie*, n. 7, 1985, p. 73-91.

MAIA NETO, J. R. *The Christianization of Pyrrhonism: Skepticism and Faith in Pascal, Kierke-
gaard and Shestov*. Dordrecht: Kluwer, 1995.

MESNARD, J. *Pascal – l'homme et l'œuvre* (Nouvelle
édition, revue et corrigée). Paris: Hatier, 1962.

_____. "Pascal et Port-Royal". *Revue de Théolo-
gie et de Philosophie*, vol. I, 1963, p. 12-23.

_____. *La culture du XIIe siècle: enquêtes et syn-
thèses*. Paris: PUF, 1992.

PASCAL, B. "Entretien avec Monsieur de Sacy sur
Épictète et Montaigne". In: *Œuvres Complètes,*
vol. III. Paris: Desclée de Brouwer, 1991 (Texte établi, présenté et annoté par J. Mesnard).

_____. *Entretien avec M. de Sacy sur Épictète et
Montaigne*. Original inédit. Paris: Desclée de
Brouwer, 1994 (Texte établi, présenté et anno-
té par P. Mengotti-Thouvenin & J. Mesnard).

_____. *Entretien avec Sacy sur la philosophie*.
Mayenne: Actes Sud, 2003 (Présentation et
lecture de R. Scholar).

_____. *Conversación con el Sr. de Saci*. Salamanca: Sígueme, 2006 (Traducción y comentario de A. V. Ezcurra).

_____. *Pensamentos*. Trad. M. Laranjeira. São Paulo: Martins Fontes, 2001.

PONDÉ, L. F. *O homem insuficiente* São Paulo: Edusp, 2001.

POPKIN, R. *The History of Scepticism from Savonarola to Bayle*. Oxford: Oxford University Press, 2003.

ROGERS, B. "Pascal's life and times". In: HAMMOND, N. (ed.). *The Cambridge Companion to Pascal*. Cambridge: Cambridge University Press, 2006, p. 4-19.

SELLIER, P. *Pascal et Saint Augustin*. Paris: Albin Michel, 1995.

_____. "Qu'est-ce que le jansénisme (1640-1713)?". In: *Port-Royal et la littérature II*. Paris: Honoré Champion, 2000, p. 43-76.

_____. "Qu'est-ce que Port-Royal?". *Bibliothèque électronique de Port-Royal*, Quatrième Série, 2009. Disponível em: <http://www.amisdeportroyal.org/articles.php?lg=fr&pg=760>. Acesso em: 4 set. 2009.

SERRES, M. *Le système de Leibniz et ses modèles mathématiques*. Paris: PUF, 1968. (Tome II, Troisième Partie, Chapitre Premier: "Le Paradigme Pascalien").

NOTA SOBRE A TRADUÇÃO

A presente tradução da *Conversa de Pascal com o Sr. de Sacy sobre Epiteto e Montaigne* baseou-se na edição feita por J. Mesnard e P. Mengotti-Thouvenin a partir do manuscrito autógrafo das *Memórias* de Fontaine, já que a edição crítica presente nas *Obras Completas*, mesmo excelente, foi inegavelmente superada. A descoberta desse manuscrito, que deu ensejo à publicação das *Mémoires ou Histoire des Solitaires de Port-Royal* pela Honoré Champion em 2001 (Tronchai alterara o título original), também tornou obsoletas todas as traduções feitas até aquele momento, embora seja preciso admitir que esta tradução foi cotejada com todas elas, ao menos com todas as que se teve acesso, sendo que, infelizmente, não se encontrou nenhuma que se baseasse no original autógrafo.

Ao longo de todo o trabalho, buscou-se manter a coerência da tradução e o respeito ao original. Nesse sentido, cabe apenas alertar que a paragrafação foi alterada em três pontos a fim de marcar com mais clareza as intervenções do Sr. de Sacy: a primeira delas, no início de sua fala no preâmbulo, a segunda e terceira, delimitando princípio e fim de sua primeira intervenção à exposição de Pascal. A pontuação do original também foi seguida, ainda que a inteligibilidade da tradução portuguesa tenha obrigado a uma ou outra alteração. As notas de rodapé, em particular aquelas que indicam as fontes das citações latinas, baseiam-se nas de J. Mesnard e R. Scholar e não constam, evidentemente, do original de Fontaine.

Há que se agradecer ao Roberto Bolzani pela tradução dessas passagens em latim assim como a todos que contribuíram para este trabalho: especialmente, Plínio Smith, que o comentou com o cuidado e a correção de um bom editor; José Raimundo Maia Neto, pelas preciosas observações; e Jean-Robert Armogathe, pelo acolhimento em Paris e o acesso à Biblioteca

Nacional da França. Pelas leituras e incentivo, há que se agradecer também a Luciana Duccini, Eduardo Coutinho, Luiz Eva, Hélio Dias, Thiago Almeida e Estéfano Winter.

* * *

Quanto ao *Memorial*, utilizou-se a edição presente nas *Obras Completas* e, para as citações bíblicas, a *Bíblia de Jerusalém*. Após a morte de Pascal, encontrou-se costurado no forro de seu gibão um papel encoberto por um pergaminho, ambos escritos de seu próprio punho. Nenhum deles possuía título para identificação do tema, mas estava claro que viera à luz algo de que ninguém jamais soubera: o registro da célebre noite de 23 de novembro de 1654, que Pascal manteve consigo até seu falecimento. O papel original se conservou, mas, do pergaminho, resta uma cópia, chamada figurada por reproduzir o original. Ao contrário do que frequentemente se supõe, elas possuem, além das gráficas, diferenças textuais sutis que merecem ser levadas em conta. O título, *Memorial*, é o que se tornou corrente entre os estudiosos.

O *Escrito sobre a Conversão do Pecador* também foi traduzido a partir da edição das *Obras Completas*, assumindo-se assim a lição proposta por J. Mesnard. Sobre sua datação, não há consenso. Excetuando-se a tentativa de remontá-lo a 1647-48, o que parece exagerado, os estudiosos se dividem entre, por um lado, uma data próxima da segunda conversão e do retiro em Port-Royal des Champs de janeiro de 1655 e, por outro, os anos 1657-58, quando Pascal já teria se tornado diretor espiritual do Sr. de Roannez. Seja como for, parece inegável que este opúsculo deixa transparecer a experiência religiosa do próprio Pascal e pode ser proveitosamente lido em conjunto com *Conversa com o Senhor de Sacy* e o *Memorial*.

Por fim, quanto à *Seleta dos Pensamentos*, buscou-se escolher fragmentos que possuíssem uma temática próxima à da *Conversa*, sem, contudo, a pretensão de fazer um inventário. Além disso, uma vez que a apologética pascaliana desenvolveu-se ao longo do tempo, era inevitável que a seleção contivesse elaborações conceituais ausentes na *Conversa*, como a noção de *Deus absconditus*, pois os *Pensamentos*, que reúnem uma série de fragmentos coligidos por Pascal ao longo de anos, a maior parte dos quais com a finalidade de compor uma "Apologia da Religião Cristã", retomam e reelaboram tópicos abordados no retiro de 1655. Publicados pela primeira vez em 1670, na chamada edição de Port-Royal, esses fragmentos, parte deles classificados por Pascal em pastas que ele mesmo nomeou e em séries não intituladas, jamais obtiveram uma ordenação inconteste, donde a existência de diferentes classificações e enumerações, próprias de cada editor, como L. Brunschvicg (1897 e 1904), L. Lafuma (1951), Ph. Sellier (1976 e 1991), M. Le Guern (1977) e E. Martineau (1992). Para a presente tradução, recorreu-se à edição de Philippe Sellier.

CONVERSA DE PASCAL COM O SENHOR DE SACY SOBRE EPITETO E MONTAIGNE

Entretanto, então, este mesmo Sr. de Sacy, do qual acabo de dizer que a porta permanecia tão regularmente fechada para todas as pessoas de fora, por mais dignas que fossem, mantinha-a sempre aberta ao menor dentre os solitários, por quem tinha sempre o coração aberto e, por mais profunda que fosse a concentração em que estivesse, jamais revelou ficar nem um pouco incomodado por dela ser tirado. Desde que fora ordenado padre, havia compreendido que não vivia mais para si mesmo, que pertencia totalmente àqueles dos quais estava encarregado pela ordem de Deus e que no futuro devia pertencer totalmente a todos, à imitação de São Paulo, o qual sempre observava como seu modelo e mestre.

Para manter com todo mundo esse espírito de união e caridade do qual falei, ele não lhes recomendava nada com tanta força senão fugir dos julgamentos temerários e da liberdade que as pessoas se davam de querer adivinhar como são as outras e fazer comentários sobre sua conduta. Dizia que não havia palavra do Evangelho que se devesse entender mais literalmente que esta: *Não julgueis*; que é uma grande temeridade querer interpretar mal ações que, em si, podem ser muito boas; que não havia senão Deus que pudesse julgá-las seguramente; além do que um doente não pensa muito nos males dos outros, estando totalmente concentrado em curar as feridas que reconhece e sente.

Quando ocorria algum pequeno arrefecimento de caridade, seu zelo sempre sábio chegava a quase exibir às pessoas aquelas que lhe eram as mais íntimas e que tinham nele mais confiança, a fim de exortá-las a pedir desculpas até a quem devia desculpas a elas. Ele dizia que o cristianismo abolia neste ponto, tanto como em todo o resto, todas as leis tolas do mundo.

Para ainda conservar a paz, recomendava bastante evitar uma falta que a Escritura condena muito, que são as indiscrições. "É o vício,

Conversa com o Senhor de Sacy

dizia ele, que faz o maior estrago no convívio de algumas pessoas." A respeito disso, ele dizia que uma pessoa que reconta o que se diz a ela é uma criança cheirando a cueiro e incapaz de qualquer relação.

Esse espírito pacífico do Sr. de Sacy sempre levara-o também a fugir de todas as disputas nas ciências, tanto santas como naturais. Isso poderia parecer em si pouco respeitável, mas vê-lo cercado por todos os lados por pessoas de grande espírito, muito célebres por essas disputas, e, nos mais calorosos períodos de contestações, permanecer sempre com uma circunspecção serena sem nada condenar no calor alheio, vê-lo buscar em seu Santo Agostinho, e nesta grande atenção que lhe dava, não o que pudesse lhe fornecer novos argumentos para disputar bem, mas o que pudesse dar novo alimento a sua piedade, era uma grande prova da calma de seu espírito e do caráter que o fez sempre passar em toda a França como o homem mais moderado do mundo.

Quanto também se elevou ele das pequenas agitações no deserto concernente às ciências humanas da filosofia e às novas opiniões do Sr. Descartes! Como o Sr. Arnauld,[1] em suas horas

---

1 Antoine Arnauld (1612-1694), filósofo e teólogo jansenista. Autor das quartas objeções às *Meditações* (1641)

de descanso, conversava com seus amigos mais próximos; isso insensivelmente se espalhou por toda parte e essa solidão nas horas de conversa só não repercutia mais que seus discursos. Havia poucos solitários que não falassem do autômato. Não se fazia mais caso de bater num cão; golpes de bastão eram dados com muita indiferença e zombava-se daqueles que se compadeciam dos animais como se tivessem sentido dor. Dizia-se que eram relógios; que os gritos que emitiam quando neles se batia eram somente o barulho de uma pequena mola que havia sido deslocada, mas que tudo isso ocorria sem sentimento. Pregavam-se os pobres animais sobre pranchas pelas quatro patas para abri-los vivos e ver a circulação do sangue, o que ainda era uma grande matéria de conversa. O castelo do Sr. duque de Luynes[2] era a fonte de todas essas curiosidades, mas que era inesgotável. Nele falava-se

---

de R. Descartes e, junto com Pierre Nicole (1625-1695), d'*A Lógica ou a Arte de Pensar* (1662).

2 Em Vaumurier, próximo a Port-Royal des Champs. Nos primeiros dias de seu retiro, Pascal hospedou-se junto ao duque de Luynes (1620-1690), que publicara em 1647 uma tradução francesa das *Meditações* de Descartes, mas, como não conseguiu o recolhimento que desejava, acabou obtendo um quarto junto aos solitários de Port-Royal (Cf. Carta de Jacqueline Pascal a Gilberte Périer datada de 25 de janeiro de 1655, publicada no tomo III, página 74, das *Obras Completas* editadas por J. Mesnard).

Conversa com o Senhor de Sacy

sem cessar do novo sistema do mundo segundo o Sr. Descartes, que era admirado. Mas jamais se pôde ver o Sr. de Sacy entrar nessas ciências curiosas. "Que nova ideia me dão da grandeza de Deus, dizia ele, vindo-me dizer que o sol é um amontoado de raspas[3] e que os animais são relógios?" E, rindo-se docemente quando lhe falavam dessas coisas, revelava mais compadecer-se daqueles que nelas se detinham do que ter o desejo de nelas deter-se ele próprio.

Disse-me um dia, falando-me em particular, que admirava a conduta de Deus nessas novas opiniões do Sr. Descartes, nas quais todo mundo entrava de cabeça baixa, que considerava o Sr. Descartes e Aristóteles como um ladrão que vinha matar um outro ladrão e levar-lhe os

---

3   Referência à física cartesiana, em especial aos *Princípios de Filosofia* (Terceira Parte § 48 ss.), nos quais é abordada a composição do mundo visível. Segundo Descartes, toda a matéria de que o mundo é feito foi difundida em partes iguais, que preenchiam plenamente o espaço. Com o passar do tempo e a força que lhes imprimiu movimento, provocando uma espécie de atrito ou fricção, elas perderam seus ângulos, o que as fez se tornar redondas e gerar partículas ou raspas (*râclure*, na tradução francesa de 1647, ou *ramenta*, no latim do original, termos próximos de *rognures*, empregado pelo Sr. de Sacy nesta passagem e na subsequente, três parágrafos adiante).

despojos, que Aristóteles pouco a pouco enfim tornara-se o mestre dos mestres da Igreja.

«Vi na Sorbonne, ele me dizia, e não pude ver sem tremer, um doutor citando uma passagem da Escritura, um outro refutou-o ousadamente com uma passagem de Aristóteles, o que espantou de tal maneira o primeiro que ele respondeu quase que totalmente aturdido: "*Valet hic Scriptura Sacra*", ao que o outro, sem se abalar, disse bruscamente: "*Valet et Aristoteles*". "*Attamen*, redarguiu o primeiro, *et Scriptura Sacra et Aristoteles.*"[4] E após um tão horrível assalto, sobreveio recentemente um outro homem que o pilha e o mata. Tanto melhor. Mais mortos, menos inimigos. Sucederá talvez o mesmo com o Sr. Descartes.

Deus fez o mundo para duas coisas, acrescentou-me ele, uma para dar uma grande ideia dele, outra para pintar as coisas invisíveis nas visíveis. O Sr. Descartes destrói uma e outra. O sol é uma obra tão bela!, dizem-lhe. De jeito nenhum, responde ele, é um amontoado de raspas. Em lugar de reconhecer as coisas invisíveis nas visíveis, como no sol, que é o Deus da natureza, e ver em tudo que produz nas plantas a

---

4   As três citações são, respectivamente: "Aqui vigora a Sagrada Escritura"; "Vigora também Aristóteles"; "Pelo menos vigoram tanto a Sagrada Escritura como Aristóteles."

imagem da graça, eles pretendem, ao contrário, explicar tudo por meio de certos ganchos que eles imaginaram. Eu os comparo a ignorantes que veriam um quadro admirável e que, em lugar de admirar um belo conjunto, prender-se-iam a cada cor em particular e diriam: "O que é esse vermelho? De que é composto? É de tal coisa; não, é de uma outra", em lugar de contemplar todo o propósito do quadro cuja beleza encanta os sábios que o apreciam.

"Eu não pretendo, diz o Sr. Descartes, dizer as coisas como elas são realmente. O mundo é um objeto tão grande que nele nós nos perdemos, mas o vejo como uma cifra. Uns viram e reviram as letras desse alfabeto e encontram alguma coisa; quanto a mim, eu também encontrei alguma coisa, mas talvez não seja o que Deus fez." Não, dizia o Sr. de Sacy, mas é, segundo a linguagem dos Padres, *Infinita disputandi libido, tuncque demum magis ignorata veritas postquam praesumptum est quod posset agnosci.*[5] Essas pessoas procuram a verdade às apalpadelas, é um grande acaso quando a encontram. Vejo-os

---

5   Carta de Volúsio a Santo Agostinho (*Cartas* CXXXV § 1): "infinito o desejo de examinar, e a verdade apenas é mais ignorada após se ter presumido que pudesse ser reconhecida".

como via a informação do *Mostrador*,[6] passando sobre a ponte Notre-Dame. O mostrador marcava então a hora certa e eu dizia: "Passemos rápido, em breve ele não mais estará certo. É a verdade que o encontrou, não é ele que encontrou a verdade. Ele não diz a hora certa senão uma vez ao dia." »

O Sr. Pascal veio também, naquele tempo, retirar-se em Port-Royal des Champs. Não vou me deter em dizer quem era esse homem, que não somente toda a França, mas toda a Europa admirou. Seu espírito sempre vivo, sempre ativo, era de uma extensão, de uma elevação, de uma firmeza, de uma acuidade e de uma clareza além de tudo que se pode crer. Não havia pessoa hábil nas matemáticas que não se curvasse a ele: testemunha a história da famosa roleta,[7] que então era o assunto de todos os doutos. Sabe-se que ele parecia dar alma ao cobre e espírito ao

---

6   Segundo R. Scholar, *Mostrador* era um cabaré que tinha como símbolo um relógio pintado na fachada, o qual, inevitavelmente, representava sempre a mesma hora.

7   Trata-se, na verdade, da máquina aritmética, que Fontaine, nesta passagem, confunde com a roleta ou ciclóide. A máquina aritmética ocupou Pascal principalmente de 1642 a 1645, ano no qual publicou a *Carta Dedicatória da Máquina Aritmética e Advertência Necessária* ao chanceler Séguier. A reflexão acerca da roleta ou ciclóide ocorreu mais tarde, como se vê pela data, junho de 1658, da divulgação do concurso sobre a roleta.

Conversa com o Senhor de Sacy

bronze. Ele fazia com que pequenas rodas, isentas de razão, sobre cada uma das quais estando os dez primeiros algarismos, procedessem racionalmente frente às pessoas mais racionais, e ele fazia de alguma maneira máquinas mudas falar, para resolver, jogando, as dificuldades numéricas que detinham os mais doutos, o que lhe custou tanta concentração e esforços do espírito que, para montar essa máquina a ponto de que todo mundo a admirasse, e que vi com meus próprios olhos, ele mesmo ficou com a cabeça quase perturbada por aproximadamente três anos.

Esse homem admirável, sendo enfim tocado por Deus, submeteu seu espírito tão elevado ao doce jugo de Jesus Cristo e seu coração tão nobre e tão grande abraçou a humildade da penitência. Ele veio a Paris se lançar nos braços do Sr. Singlin,[8] decidido a fazer tudo o que este lhe ordenasse. O Sr. Singlin acreditou, vendo esse grande gênio, que faria bem em enviá-lo a Port-Royal des Champs, onde o Sr. Arnauld lhe orientaria no que diz respeito às altas ciências e onde o Sr. de Sacy lhe ensinaria a desprezá-las. Ele então veio retirar-se em Port-Royal des Champs. O Sr. de Sacy não pôde se dispensar

---

8   Antoine Singlin (1607-1664), padre jansenista, sucedeu a Saint-Cyran como diretor de Port-Royal.

de vê-lo por cortesia, sobretudo tendo sido solicitado pelo Sr. Singlin, mas as luzes santas que encontrava na Escritura e nos Padres fizeram-lhe esperar que não ficaria deslumbrado com todo o brilho do Sr. Pascal, que, contudo, encantava e enlevava todo mundo. Ele achava, com efeito, tudo o que ele dizia bastante justo. Via com prazer a força de seu espírito e de seus discursos. Mas neles não havia nada de novo. Tudo o que o Sr. Pascal lhe dizia de grande, havia-o visto antes em Santo Agostinho e, fazendo justiça a todo mundo, dizia: "Sr. Pascal é extremamente estimável porquanto, não tendo lido os Padres da Igreja, encontrou por si mesmo, pela acuidade de seu espírito, as mesmas verdades que eles haviam encontrado. Ele as considera surpreendentes, dizia ele, porque não as viu em lugar algum, mas nós, nós estamos acostumados a vê-las por todos os lados em nossos livros." Assim, esse sábio eclesiástico, considerando que os antigos não tinham menos luz que os novos, a eles se atinha e estimava muito o Sr. Pascal já que este se encontrava em todas as coisas com Santo Agostinho.

A conduta habitual do Sr. de Sacy, conversando com as pessoas, era adequar suas conversas àqueles com quem falava. Se via, por

Conversa com o Senhor de Sacy

exemplo, o Sr. Champaigne,[9] falava com ele de pintura. Se via o Sr. Hamon,[10] conversava sobre medicina. Se via o cirurgião do lugar, questionava-o sobre a cura de feridas. Aqueles que cultivavam a videira ou árvores ou grãos diziam-lhe tudo o que nisso era preciso observar. Tudo lhe servia para passar imediatamente a Deus e para a ele fazer passar os outros. Acreditou então dever conduzir o Sr. Pascal a seu ponto forte e lhe falar das leituras de filosofia das quais mais se ocupava.

Encaminhou-o para esse assunto nas primeiras conversas que tiveram juntos. O Sr. Pascal lhe disse que seus dois livros mais frequentados foram os de Epiteto e Montaigne e fez-lhe grandes elogios desses dois espíritos. O Sr. de Sacy, que sempre acreditara dever ler pouco esses autores, solicitou ao Sr. Pascal que lhe falasse deles a fundo.

«Epiteto, disse-lhe, é um dos filósofos do mundo que melhor conheceu os deveres do homem. Ele quer, antes de todas as coisas, que este

---

9   Philippe de Champaigne (1602-1674), famoso pintor de origem flamenga. Ligado a Port-Royal, é autor de quadros que representam, por exemplo, Angélique Arnauld e Antoine Arnauld, ambos no Museu des Granges de Port-Royal.

10   Jean Hamon (1618-1687), solitário e médico de Port-Royal.

considere Deus como seu principal objeto; que esteja persuadido de que governa tudo com justiça; que se submeta a ele de bom coração, e que o siga voluntariamente em tudo, uma vez que nada faz a não ser com uma sabedoria muito grande; que assim essa disposição colocará fim a todas as queixas e todos os murmúrios e preparará seu espírito para sofrer serenamente os acontecimentos mais penosos.

Não digais jamais, disse ele: "Perdi tal coisa"; dizei antes: "Eu a devolvi." Meu filho está morto? "Eu o devolvi." Minha mulher está morta? "Eu a devolvi." Assim para os bens e para todo o resto. "Mas aquele que o tira de mim é um homem mau", vós dizeis. Por que vos atormentais pelo fato de que aquele que o emprestou a vós pede-o de volta? Enquanto ele vos permitir o uso, cuidai como de um bem que pertence a outro, como um homem que viaja se comporta num hotel. Vós não deveis, disse ele, desejar que as coisas que se fazem se façam como vós quereis, mas deveis querer que se façam como se fazem.

Lembrai-vos, disse ele alhures, que estais aqui como um ator e que representais o personagem de uma comédia, tal qual apraz ao diretor dá-lo a vós. Se o dá curto, representai-o curto; se o dá longo, representai-o longo. Se quer que imiteis um mendigo, deveis fazê-lo com toda abertura que vos seja possível e assim por diante. É vossa tarefa representar bem o personagem que vos é dado, mas escolhê-lo é tarefa de outro.

Tende todos os dias diante dos olhos a morte e os males que parecem os mais terríveis e jamais vós pensareis nada de baixo, nem desejareis nada em excesso.

Assim, ele mostra de mil maneiras o que o homem deve fazer. Ele quer que seja humilde, que oculte suas boas resoluções, sobretudo no começo, e que as realize em segredo: nada as arruína mais do que as expor.

Ele não se cansa de repetir que todo estudo e desejo do homem devem ser de reconhecer a vontade de Deus e segui-la.

Eis, senhor, disse o Sr. Pascal ao Sr. de Sacy, as luzes desse grande espírito que tão bem conheceu o dever do homem. Ouso dizer que ele mereceria ser adorado, se tivesse reconhecido igualmente bem sua impotência, dado que seria preciso ser Deus para ensinar um e outro ponto aos homens. Também, como ele era terra e cinza, após ter compreendido tão bem o que se deve, eis como se perde na presunção do que se pode. Ele disse:

Que Deus deu ao homem os meios de cumprir todas as obrigações; que esses meios estão a nosso alcance; que é preciso buscar a felicidade nas coisas que estão em nosso poder, pois Deus as deu a nós para esse fim; que é preciso ver o que há em nós de livre; que os bens, a vida, a estima não estão a nosso alcance e, portanto, não conduzem a Deus; mas que o espírito não pode ser forçado a crer no que sabe ser falso, nem a vontade a amar o que sente que a torna infeliz; que essas duas potências são então livres e que é por elas que podemos nos tornar perfeitos; que o homem pode por meio dessas potências conhecer perfeitamente a Deus, amá--lo, obedecer-lhe, agradá-lo, curar-se de todos os seus vícios, adquirir todas as virtudes, tornar-se santo, amigo e companheiro de Deus.

Esses princípios de uma soberba diabólica conduzem-no a outros erros, como: que a alma é uma porção da substância divina; que a dor e a morte não são males; que alguém pode se matar quando é tão perseguido que crê que Deus o chama, e ainda outros.

Quanto a Montaigne, do qual vós quereis também, senhor, que eu vos fale, tendo nascido num Estado cristão, ele faz profissão da religião católica e nisso não tem nada de especial. Mas, como quis procurar qual moral a razão deveria ditar sem a luz da fé, assumiu seus princípios a partir dessa suposição e, assim, considerando o

Conversa com o Senhor de Sacy

homem destituído de toda revelação, discorreu da seguinte maneira.

Ele coloca todas as coisas em uma dúvida universal e tão geral que essa dúvida se volta sobre si mesma, isto é, que ele duvida se duvida e, duvidando até dessa última proposição, sua incerteza gira sobre si mesma num círculo perpétuo e sem repouso, opondo-se igualmente àqueles que afirmam que tudo é incerto e àqueles que afirmam que tudo não o é, porque ele não quer afirmar nada.

Nessa dúvida que duvida de si e nessa ignorância que se ignora, e que chama de sua forma mestra, está a essência de sua opinião, a qual não pôde exprimir por nenhum termo positivo. Pois, se diz que duvida, ele se trai afirmando ao menos que duvida, o que, sendo formalmente contra sua intenção, ele não pôde explicar senão por uma interrogação; de modo que, não querendo dizer "Eu não sei", diz: "Que sei eu?", da qual faz sua divisa, colocando-a sobre balanças que, pesando os contraditórios, encontram-nos num perfeito equilíbrio: ou seja, ele é um puro pirrônico.

Sobre esse princípio giram todos os seus discursos e todos os seus *Ensaios* e é a única coisa que pretende estabelecer, ainda que não faça sempre notar sua intenção. Ele destrói insensivelmente tudo o que passa como o mais certo entre os homens, não para estabelecer o contrário com uma certeza, só da qual é inimigo, mas para mostrar somente que, sendo as aparências iguais de um lado e de outro, não se sabe onde assentar a crença.

Com esse espírito, ele zomba de todas as certezas. Por exemplo, combate aqueles que pensaram estabelecer na França um grande remédio contra os processos pela abundância e pela pretensa justeza das leis, como se fosse possível cortar a raiz das dúvidas das quais nascem os processos e houvesse diques que pudessem conter a torrente de incerteza e cativar as conjecturas. Ocorre que, quando diz que valeria tanto submeter sua causa ao primeiro transeunte como a juízes armados de inúmeras prescrições, não pretende que se deva alterar a ordem do Estado, ele não tem tanta ambição; nem que seu ponto de vista seja melhor, ele não crê que nenhum seja bom. É somente para provar a vaidade das opiniões mais aceitas, mostrando que a exclusão de toda lei antes diminuiria o número de desacordos do que aquela abundância, que só serve para aumentá-los, porque as dificuldades crescem à medida que são pesadas, as obscuridades multiplicam-se pelos comentários e o meio mais seguro para entender o sentido de um discurso é não o examinar e o tomar pela primeira impressão: por pouco que o observemos, toda a clareza se dissipa.

Ele também julga ao acaso ações de homens e passagens da história, ora de uma maneira, ora de outra, seguindo livremente sua primeira visada e sem constranger seu pensamento às regras da razão, que não tem senão falsas medidas, contente de mostrar pelo seu exemplo as contrariedades de um mesmo espírito.

No seu gênio totalmente livre, dá-lhe inteiramente na mesma vencer ou não na disputa, tendo sempre, por um ou outro exemplo, um meio de mostrar a fraqueza das opiniões; estando postado com tanta vantagem nesta dúvida universal que ele se fortifica igualmente com seu triunfo e com sua derrota.

É dessa posição, totalmente flutuante e cambaleante como é, que ele combate com uma firmeza invencível os heréticos de seu tempo, porquanto afirmavam ser os únicos a conhecer o verdadeiro sentido da Escritura; e é ainda dessa posição que aniquila mais vigorosamente a impiedade horrível daqueles que ousam afirmar que Deus não existe.

Ele os ataca especialmente na *Apologia de Raymond Sebond*; e, encontrando-os voluntariamente desprovidos de toda revelação e abandonados a suas luzes naturais, toda fé posta à parte, interroga-os com qual autoridade pretendem julgar esse Ser soberano que é infinito por sua própria definição, eles que não conhecem verdadeiramente nenhuma das menores coisas da natureza!

Pergunta-lhes sobre quais princípios se apoiam. Incita-os a mostrá-los. Examina todos os que eles podem produzir e penetra-os tão profundamente, pelo talento no qual sobeja, que mostra a vaidade de todos aqueles considerados como os mais naturais e os mais firmes.

Pergunta se a alma conhece alguma coisa; se ela conhece a si mesma; se é substância ou acidente, corpo ou espírito; o que é cada uma dessas coisas, e se não há nada que não seja de uma dessas ordens; se ela conhece seu próprio corpo; o que é a matéria, e se ela pode discernir a incontável variedade de pontos de vista que sobre isso se produziu; como ela pode raciocinar, se é material; e como pode estar unida a um corpo particular e sentir suas paixões, se é espiritual.

Quando ela veio a ser; com o corpo ou antes; e se ela perece com ele ou não; se ela não se engana jamais; se ela sabe quando erra, visto que a essência do erro consiste em conhecê-lo mal; se em seus obscurecimentos ela não crê tão firmemente que dois mais três são seis como crê em seguida que são cinco.

Se os animais raciocinam, falam, pensam, e quem o pode decidir. O que é o tempo, o que é o espaço ou a extensão, o que é o movimento, o que é a unidade, que são todas coisas que nos cercam e inteiramente inexplicáveis.

O que é a saúde, a doença, a vida, a morte, o bem, o mal, a justiça, o pecado, dos quais falamos toda hora.

Se temos em nós princípios do verdadeiro e se aqueles que cremos ter, e que se chamam axiomas ou noções comuns, porque são comuns a todos os homens, são conformes à verdade essencial; e, dado que não sabemos senão apenas pela fé que um Ser totalmente bom deu-os a nós verdadeiros, criando-nos para conhecer a verdade, quem saberá sem essa luz se, sendo formados ao acaso, eles não são incertos; ou se, sendo formados por um ser falso e mau, ele não nos deu falsos princípios a fim de nos enganar; mostrando assim que Deus e o verdadeiro são inseparáveis, e que, se um existe ou não, se é certo ou duvidoso, o outro é necessariamente o mesmo. Quem sabe então se o senso comum, que tomamos como o juiz do verdadeiro, tem as marcas daquele que o criou? Ademais, quem sabe o que é a verdade, e como se pode afirmar possuí-la sem a conhecer? Quem sabe mesmo o que é o ser, que é impossível de definir, pois não há nada mais geral e que exigiria, para explicá-lo, se servir de antemão dessa mesma palavra, dizendo: "É etc..."?

E, dado que não sabemos o que é a alma, o corpo, o tempo, o espaço, o movimento, a unidade, a verdade, o bem, nem mesmo o ser, nem explicar a ideia que deles formamos, como nos assegurarmos de que ela é a mesma em todos os homens, visto que dela não temos outra marca senão a uniformidade das consequências, que não é sempre um sinal da dos princípios? Pois eles bem podem ser diferentes e, no entanto, conduzir às mesmas conclusões, cada um sabendo que o verdadeiro se conclui frequentemente do falso.

Enfim, ele examina tão profundamente todas as ciências: a geometria, da qual mostra a incerteza nos axiomas e nos termos que ela não define, como extensão, movimento etc.; a física em bem mais assuntos; a medicina em uma infinidade de maneiras; a história, a política, a moral, a jurisprudência e o resto, de tal modo que se fica convencido de que, fora da revelação, a rigor duvidaríamos se estamos acordados ou não, visto que não pensamos melhor no presente do que em alguns sonhos, e até se a vida não é ela mesma um sonho do qual despertamos apenas na morte e durante o qual temos tão pouco os princípios do verdadeiro quanto durante o sono natural.

É assim que ele repreende tão forte e tão cruelmente a razão despida da fé que, fazendo-a duvidar se ela é racional, e se os animais o são ou não, ou mais ou menos, ele a faz descer da excelência que ela se atribuiu e a coloca por bondade no nível dos animais, sem lhe permitir sair dessa ordem até que seja instruída por seu próprio Criador de seu posto justo, que ela ignora, ameaçando-a, se ela grunhir, colocá-la abaixo de tudo, o que é tão fácil quanto o contrário, e não lhe dando, entretanto, poder de agir senão para notar sua fraqueza com uma humildade sincera em lugar de se elevar por uma tola insolência. »

O Sr. de Sacy, como me repetiu depois, escutava serenamente o Sr. Pascal, crendo-se viver em um novo país e ouvir uma nova língua. Dizia em seu íntimo estas palavras de Santo Agostinho: "Ó Deus de verdade! Aqueles que sabem essas sutilezas de raciocínio, são eles por isso mais agradáveis a vós? *Numquid, Domine Deus veritatis, quisquis novit ista jam placet tibi?*"[11]

---

11 Santo Agostinho *Confissões* (V.4 §7): "Senhor Deus da verdade, quem conhece essas coisas já te agrada?", parafraseado pelo Sr. de Sacy.

Ele se compadecia desse filósofo que se picava e dilacerava a si mesmo por todos os lados com os espinhos que ele mesmo formava, *Ipsi se compungunt aculeis suis,*[12] e, como Santo Agostinho disse de si mesmo quando estava neste estado, *Quasi acutele movebar.*[13] *Jusseras enim et ita fiebat in me, ut terra spinas et tribulos pareret mihi.*[14]

Então, após uma espera paciente bastante longa, ele disse ao Sr. Pascal:

«Obrigado, senhor. Estou certo de que, se eu tivesse lido Montaigne por longo tempo, não o conheceria tanto como o faço depois desta conversa que acabo de ter convosco. Esse homem deveria desejar que fosse conhecido somente pelas exposições que fazeis de seus escritos; e ele poderia dizer com Santo Agostinho: *Ibi me vide, ibe me attende.*[15] Creio seguramente que este homem possuía argúcia, mas não sei se não lhe emprestais um pouco mais do que

---

12 "Eles próprios se ferem com seus ferrões", parafraseado pelo Sr. de Sacy, cuja fonte talvez seja Cícero *De Oratore* (II § 158).

13 Santo Agostinho *Confissões* (III.7 §12): "Eu era, por assim dizer, movido por uma agulhada".

14 Santo Agostinho *Confissões* (IV.16 §29): "Pois tu ordenaras, e assim em mim se fazia, que a terra me proporcionasse espinhos e cardos".

15 Carta de Santo Agostinho a Dario (*Cartas* CCXXXI §6) acerca das *Confissões*: "Ali me vê, ali me escuta".

Conversa com o Senhor de Sacy

tinha, por esse encadeamento tão justo que fazeis de seus princípios. Vós podeis julgar que, tendo passado minha vida como passei, pouco me aconselharam a ler esse autor, cujas obras todas não têm nada do que devemos buscar principalmente em nossas leituras, segundo a regra de Santo Agostinho, *Neque in Deum excitant humanum intellectum et affectum,*[16] porque suas palavras não parecem sair de um grande fundo de humildade e de piedade: *Non sunt profundissimae humilitatis et eximiae pietatis ac sapientiae indices.*[17]

Perdoar-se-ia aos filósofos de outrora, que se chamavam acadêmicos, por colocar tudo em dúvida. Mas que necessidade tinha Montaigne de distrair o espírito renovando uma doutrina que soa agora aos cristãos como uma loucura? *Talis dementia honestiores et uberiores litterae putantur.*[18] *Incidi in homines*, disse Santo Agostinho, *superbe delirantes et loquaces, in qu-*

---

16 Santo Agostinho *Retratações* (II.6 §1): "Não elevam a inteligência e o sentimento humanos até Deus".

17 Fonte desconhecida: "Não são reveladoras de humildade profundíssima e de piedade e sabedoria extraordinárias", parafraseado pelo Sr. de Sacy.

18 Santo Agostinho *Confissões* (I.13 §21): "Que loucura, esses conhecimentos são reputados mais valorosos e fecundos."

orum ore sunt laquei diaboli.[19] É o julgamento que Santo Agostinho faz dessas pessoas, pois, baseando-se nele, pode-se dizer de Montaigne, com relação à juventude: *Magnus diaboli laqueus, et multi implicantur in eo per illecebram suaveloquentiae.*[20] Ele coloca em tudo o que diz a fé à parte; assim nós, que temos fé, devemos semelhantemente colocar à parte tudo o que ele diz. Eu não culpo a argúcia desse autor, que é um grande dom de Deus, mas ele poderia ter se servido melhor dela e feito antes um sacrifício a Deus que ao demônio: *Celeritatem intelligendi et disputandi acumen donum tuum est, sed non inde sacrificabam tibi,*[21] disse Santo Agostinho. *Neque enim uno modo sacrificatur transgressoribus angelis.*[22] De que serve um bem quando é usado tão mal? *Quid proderat bona res non utenti bene?*[23]

---

19   Santo Agostinho *Confissões* (III.6 §10): "Caí nas mãos de homens orgulhosamente delirantes e loquazes, em cujas bocas havia laços do diabo."

20   Santo Agostinho *Confissões* (V.3 §3): "Grande laço do diabo, muitos são dominados por ele, por causa do encanto de sua fala suave".

21   Santo Agostinho *Confissões* (IV.16 §30): "Agilidade de compreensão e sutileza de raciocínio são dádiva tua, mas nem por isso eu as oferecia a ti em sacrifício".

22   Santo Agostinho *Confissões* (I.17 §27): "Pois não se oferece sacrifício a anjos transgressores de uma só maneira".

23   Santo Agostinho *Confissões* (IV.16 §30), traduzido pelo próprio Sr. de Sacy.

quid proderat ingenium per illas doctrinas agile?[24] disse de si mesmo o santo doutor antes de sua conversão.

Vós sois feliz, senhor, de vos ter elevado acima dessas pessoas que são chamadas de doutores mergulhados na embriaguez, *ebriis doctoribus*,[25] mas que têm o coração vazio da verdade, *ceterum cor inane veri*.[26] Deus espalhou em vosso coração outras doçuras e outros atrativos que aqueles que encontrais em Montaigne. Ele vos lembrou desse prazer perigoso, *a jucunditate pestifera*,[27] disse Santo Agostinho, que dá graças a Deus por ter lhe perdoado os pecados que havia cometido degustando demasiadamente as vaidades: *in eis vanis peccata delectationum mearum dimisisti mihi*.[28] A esse respeito, Santo Agostinho é ainda mais confiável uma vez que outrora possuíra esses sentimentos e, como vós dizeis de Montaigne, que é por essa dúvida

---

24 Santo Agostinho *Confissões* (IV.16 §31): "De que servia ágil inteligência para aquelas doutrinas?"

25 Santo Agostinho *Confissões* (I.16 §26), traduzido pelo próprio Sr. de Sacy.

26 Santo Agostinho *Confissões* (III.6 §10), traduzido pelo próprio Sr. de Sacy.

27 Santo Agostinho *Confissões* (I.14 §23): "De encanto funesto", parafraseado pelo Sr. de Sacy.

28 Santo Agostinho *Confissões* (I.15 §24): "Isentaste-me dos pecados de meus deleites naquelas coisas vãs."

universal que ele combateu os heréticos de seu tempo, é também por esta mesma dúvida dos acadêmicos que Santo Agostinho deixou a heresia dos maniqueus: *Suborta est mihi cogitatio prudentiores fuisse illos philosophos quos Academicos appellant quod de omnibus dubitandum esse censuerunt, nec aliquid veri deprehendi posse ab homine decreverunt. Itaque Academicorum more dubitans de omnibus atque inter omnia fluctuans, Manichaeos relinquindos esse decrevi.*[29]

Desde que procurou Deus, ele renunciou a essas vaidades, que chama de sacrilégios, e fez o que diz de algumas outras: *Occidunt se tibi salubriter prostrati et elisi, et trucidant exaltationes suas sicut volatilia, et curiositates suas sicut pisces maris.*[30] Reconheceu com que sabedoria São Paulo nos advertiu a não nos deixar seduzir por esses discursos: *Videte ne quis vos seducat per*

---

29 Santo Agostinho *Confissões* (V.10 §19; V.14 §25): "Surgiu-me o pensamento de que foram mais prudentes aqueles filósofos denominados Acadêmicos, porque julgaram que se devia duvidar de tudo e decidiram que nada de verdadeiro podia ser apreendido pelo homem. Assim, ao modo dos Acadêmicos, duvidando de tudo e entre tudo hesitando, decidi que devia abandonar os maniqueus".

30 Santo Agostinho *Confissões* (V.3 §4 com interpolação de IV.1 §1): "Destroem-se, saudavelmente prostrados e abatidos por ti, e imolam suas exaltações como pássaros e suas curiosidades como peixes do mar".

philosophiam et inanem seductionem.[31] Pois confessa que há neles um certo agrado que encanta: *Fiebat acceptius magisque seductorium moderamine ingenii, et quodam lepore naturali.*[32] Crê-se às vezes as coisas verdadeiras somente porque são ditas eloquentemente. São carnes perigosas, diz ele, mas que são servidas em belos pratos, *dulcissime vani sunt.*[33] Mas essas carnes, em lugar de nutrir o coração, esvaziam-no: *nec nutriebar ex eis, sed exhauriebar magis.*[34] Isso assemelha-se, pois, às pessoas que dormem e que creem comer dormindo: essas carnes imaginárias deixam-nas tão vazias quanto estavam.»

O Sr. de Sacy disse ao Sr. Pascal muitas coisas semelhantes, a partir das quais este lhe disse que, se o cumprimentava por dominar bem Montaigne e saber interpretá-lo bem, ele poderia lhe dizer sem cerimônia que dominava bem

---

31 São Paulo *Carta aos Colossenses* 2.8, citado por Santo Agostinho *Confissões* (III.4 §8): "Cuidai para que ninguém vos corrompa por meio de filosofia e sedução vazia".

32 Santo Agostinho *Confissões* (V.6 §11), referindo-se ao maniqueu Fausto: "Tornava-se mais agradável e mais sedutor pela direção de seu talento e certo encanto natural".

33 Santo Agostinho *Confissões* (I.14 §23): "São agradabilissimamente vazios".

34 Santo Agostinho *Confissões* (III.6 §10): "E eu não era alimentado por elas, mas antes exaurido", parafraseado pelo Sr. de Sacy.

melhor Santo Agostinho e que sabia interpretá-lo bem melhor, ainda que com pouca vantagem em favor do pobre Montaigne. Confessou-lhe estar extremamente edificado pela solidez de tudo o que acabara de lhe apresentar. Entretanto, estando ainda cheio de seu autor, não se conteve e lhe disse:

«Eu vos confesso, todavia, senhor, que não posso ver sem alegria neste autor a soberba razão tão irresistivelmente destruída por suas próprias armas e a revolta tão sangrenta do homem contra o homem, que, da sociedade com Deus, à qual se elevava pelas máximas dos estoicos, precipita-o na natureza dos animais por aquelas dos pirrônicos. E eu teria amado com todo meu coração o ministro de uma tão grande vingança se, sendo discípulo da Igreja pela fé, ele tivesse seguido suas regras na moral, levando os homens, que havia tão utilmente humilhado, a não irritar com novos crimes o único que pode tirá-los daqueles que ele os convenceu a não poder sequer conhecer. Mas ele faz o contrário disso, como um pagão, e da seguinte maneira.

Deste princípio, disse ele, que fora da fé tudo está na incerteza, e considerando há quanto tempo se procura o verdadeiro e o bem sem nenhum progresso no sentido da tranquilidade, ele conclui que se deve deixar essa preocupação a outros: *Quaerite quos agitat mundi labor*,[35] e permanecer, entretanto, em repouso, passando superficialmente sobre esses assuntos por medo de, aprofundando-se, afogar-se neles, e tomar o verdadeiro e o bem a partir da primeira impressão, sem forçá-los, porque são tão pouco sólidos que, por pouco que fechemos a mão, escapam entre os dedos e a deixam vazia.

É por isso que ele segue o testemunho dos sentidos e as noções comuns, porque seria preciso que se coagisse para desmenti-los e ele não sabe se ganharia com isso, ignorante de onde está o verdadeiro. Assim, foge da dor e da morte, porque seu instinto o impele e a ele não quer resistir pela mesma razão, mas sem concluir que sejam verdadeiros males, não se fiando muito nos movimentos naturais de temor, visto que se sentem outros de prazer, que se diz ser maus, embora a natureza fale o contrário.

Assim, não há nada de extravagante em sua conduta; ele age como os outros; e tudo o que fazem com o tolo pensamento de que seguem o verdadeiro bem, ele o faz por um outro princípio, que é que, sendo as verossimilhanças

---

35 Lucano *Farsala* I.417, citado por Montaigne (*Ensaios* III.13): "Procurai, vós a quem o trabalho do mundo atormenta".

parelhas de um e outro lado, o exemplo e a comodidade são o contrapeso que o levam.

Ele segue então os hábitos de seu país porque o costume o arrasta. Ele monta sobre seu cavalo como alguém que não é filósofo, porque o suporta, mas sem crer que tenha o direito, não sabendo se o animal não tem, ao contrário, o de se servir dele.

Ele também se coage para evitar certos vícios e até guardou fidelidade no casamento por causa da pena que segue às desordens. Mas, se aquela que teria ultrapassa a que evita, ele permanece em repouso, sendo a regra de sua ação a comodidade e tranquilidade em tudo.

Ele rejeita, pois, para longe a virtude estoica que se pinta com uma face severa, olhar bravio, cabelos eriçados, fronte enrugada e suada, numa postura penosa e tensa, longe dos homens, num silêncio abatido, e só sobre a ponta de um rochedo: fantasma, como ele diz, capaz de assustar as crianças e que não faz outra coisa, com um trabalho contínuo, senão procurar o repouso ao qual jamais chega. A sua é ingênua, familiar, agradável, jovial e, por assim dizer, brincalhona. Ela segue o que a encanta e brinca negligentemente com os acontecimentos bons e maus, deitada languidamente no seio da ociosidade tranquila, donde mostra aos homens, que procuram a felicidade com tanto esforço, que é somente aí que ela repousa e que a ignorância e a incuriosidade são dois travesseiros doces para uma cabeça bem feita, como ele mesmo diz.

Eu não posso vos dissimular, senhor, que, lendo esse autor e comparando-o com Epiteto, achei que eram seguramente os dois mais ilustres defensores das duas mais célebres seitas do mundo, as únicas conformes à razão, pois só se pode seguir uma das duas rotas, a saber: ou que há um Deus e então nele pôr o soberano bem; ou que ele é incerto e que então o verdadeiro bem também o é, dado que lhe é inseparável.

Tive um extremo prazer em notar, nesses diversos raciocínios, no que uns e outros chegaram a alguma conformidade com a verdadeira sabedoria que tentaram conhecer, pois, se é agradável observar na natureza o desejo que ela tem de pintar Deus em todas as suas obras, nas quais se vê alguma característica dele porque são imagens suas, mas cheias de uma infinidade de faltas porque elas não são senão imagens dele, quão mais justo é considerar nas produções dos espíritos os esforços que fazem para imitar a virtude essencial, mesmo que fugindo dela, e notar no que chegam a ela e no que dela se extraviam, como busquei fazer nesse estudo.

É verdadeiro, senhor, que vós acabastes de me mostrar admiravelmente a pouca utilidade que os cristãos podem extrair dessas leituras filosóficas. Não deixarei, contudo, com vossa permissão, de vos dizer ainda meu pensamento, preparado, contudo, para renunciar a todas as luzes que não venham de vós, no que terei a vantagem, ou de ter encontrado a verdade por feliz acaso, ou de recebê-la de vós com segurança.

Parece-me que a fonte dos erros dessas duas seitas é não ter sabido que o estado presente do homem difere daquele de sua criação, de modo que uma, enfatizando alguns traços de sua primeira grandeza e ignorando sua corrupção, tratou a natureza como sã e sem necessidade de reparador, o que a conduz ao cúmulo da soberba, ao passo que a outra, experimentando a miséria presente e ignorando a primeira dignidade, trata a natureza como necessariamente enferma e irreparável, o que a precipita na desesperança de chegar a um bem verdadeiro e daí a um extremo de indolência.

Assim, esses dois estados, que seria preciso conhecer em conjunto para ver toda a verdade, sendo conhecidos separadamente, conduzem necessariamente a um destes dois vícios, o orgulho ou a preguiça, nos quais estão infalivelmente todos os homens antes da graça, pois, se não permanecem em suas desordens por indolência, delas saem por vaidade; tanto é verdadeiro o que acabais de me dizer de Santo Agostinho e que acho de uma grande extensão: *Non enim uno modo sacrificatur transgressoribus angelis* etc.[36] Pois, com efeito, se lhes presta homenagem de muitas maneiras.

É então a partir dessas luzes imperfeitas que acontece que um, conhecendo o dever do homem e ignorando sua impotência, perde-se na presunção, e que o outro, conhecendo a impotência e não o dever, tomba na indolência.

Donde parece que, dado que um tem a verdade da qual o outro tem o erro, formar-se-ia, aliando-os, uma moral perfeita. Mas, em lugar da paz, nada resultaria de sua reunião exceto uma guerra e destruição geral, pois, um estabelecendo a certeza e o outro a dúvida, um a grandeza do homem e o outro a fraqueza, eles arruínam as verdades tanto como as falsidades um do outro, de modo que não podem subsistir sozinhos por causa de suas faltas, nem se unir por causa de suas oposições, e que, assim, se quebram e se aniquilam para dar lugar à verdade do Evangelho.

---

36 Santo Agostinho *Confissões* (I.17 §27), citado anteriormente pelo Sr. de Sacy (cf. nota 22).

É ela que concilia as contrariedades por uma arte totalmente divina: unindo tudo o que há de verdadeiro e afastando tudo o que há de falso, forma uma sabedoria verdadeiramente celeste na qual se conciliam os opostos, que eram incompatíveis nessas doutrinas humanas. E a razão é que esses sábios do mundo colocavam os contrários num mesmo sujeito, pois um atribuía a grandeza à natureza e o outro a fraqueza à mesma natureza, o que não podia se sustentar, ao passo que a fé nos ensina a colocá-los em sujeitos diferentes; tudo o que há de enfermo pertence à natureza, tudo o que há de poderoso pertence à graça.

Eis a surpreendente e nova união que somente um Deus poderia ensinar, que somente ele poderia fazer e que não é senão uma imagem e um efeito da união inefável de duas naturezas na pessoa única do Homem-Deus.

Eu vos peço desculpas, senhor, disse o Sr. Pascal ao Sr. de Sacy, de avançar assim diante de vós na teologia, em lugar de permanecer na filosofia, que era meu único tema, mas este insensivelmente a ela me conduziu e é difícil nela não entrar, por qualquer verdade de que tratemos, porque é o centro de todas as verdades, o que aparece aqui perfeitamente, pois visivelmente encerra em si todas aquelas que se encontram nessas duas opiniões.

Também não vejo como algum deles poderia se recusar a segui-la, pois, se estão cheios do pensamento da grandeza do homem, o que dela imaginaram que não ceda às promessas do Evangelho, que não são outra coisa senão o digno preço da morte de um Deus? E, se eles se compraziam em ver a fraqueza da natureza, sua ideia não iguala aquela da verdadeira fraqueza do pecado, da qual a mesma morte foi o remédio. Assim, todos encontram nela mais do que desejaram e, o que é admirável, encontram-se unidos, eles que não podiam se aliar num grau infinitamente inferior.»

O Sr. de Sacy não pôde se impedir de revelar ao Sr. Pascal que estava surpreso de ver como sabia interpretar as coisas, mas ao mesmo tempo confessou que todo mundo não tinha como ele o segredo de fazer essas leituras com reflexões tão sábias e tão elevadas. Disse-lhe que se assemelhava a médicos hábeis que, pela maneira correta de preparar os maiores venenos, sabem extrair deles os maiores remédios. Acrescentou que, embora visse bem, pelo que acabara de lhe dizer, que essas leituras eram-lhe úteis, não acreditava, contudo, que fossem igualmente vantajosas a muitas pessoas cujo

espírito vacilaria um pouco e não teria elevação suficiente para ler esses autores e julgá-los,
e saber extrair as pérolas do meio do estrume,
aurum ex stercore Tertulliani,[37] dizia um Padre.
O que se poderia dizer ainda mais desses filósofos, cujo estrume, por seu vapor negro, poderia
obscurecer a fé cambaleante daqueles que os
leem: *ex multo fumo scintillantem fidem*.[38] É por
isso que ele aconselharia sempre as pessoas a
não se expor superficialmente a essas leituras
por medo de se perderem com esses filósofos e
de se tornarem o joguete de demônios e pasto
de ventos, segundo a linguagem da Escritura,
como foram esses filósofos: *Quid est aliud pasce-
re ventos quam ipsos daemones, hoc est errando eis
esse voluptati atque derisui?*[39]

«Quanto à utilidade dessas leituras, disse
o Sr. Pascal, eu vos direi muito simplesmente
meu pensamento. Encontro em Epiteto uma
arte incomparável para perturbar o repouso daqueles que o procuram nas coisas exteriores e
para forçá-los a reconhecer que são verdadeiros

---

37 Fonte desconhecida: "Ouro do esterco de Tertuliano".

38 Santo Agostinho *Confissões* (IV.2 §2): "Fé que cintila de
    muita fumaça".

39 Santo Agostinho *Confissões* (IV.2 §3): "Que outra coisa é
    apascentar ventos, senão apascentar maus espíritos, isto
    é, errando, ser-lhes motivo de satisfação e zombaria?"

escravos e cegos miseráveis; que é impossível que encontrem outra coisa senão o erro e a dor de que fogem, se não se entregarem sem reserva unicamente a Deus.

Montaigne é incomparável para confundir o orgulho daqueles que, fora da fé, se gabam da verdadeira justiça, para desiludir aqueles que se apegam a suas opiniões e creem encontrar nas ciências verdades inabaláveis e para convencer tão bem a razão de sua pouca luz e de seus extravios, que é difícil, quando se faz um bom uso de seus princípios, ser tentado a achar repugnâncias nos mistérios, pois o espírito está de tal modo abatido que está bem distante de ousar julgar se a Encarnação ou o mistério da Eucaristia são possíveis, o que os homens comuns fazem bastante frequentemente.

Mas se Epiteto combate a preguiça, ele conduz ao orgulho, de modo que pode ser muito nocivo àqueles que não estão persuadidos da corrupção da mais perfeita justiça que não é baseada na fé. E Montaigne é absolutamente pernicioso àqueles que têm alguma inclinação à impiedade e aos vícios. Por isso, essas leituras devem ser reguladas com bastante cuidado, discernimento e consideração à condição e aos hábitos daqueles a quem são aconselhadas. Parece-me somente que, pondo-as juntas, delas não poderia resultar grande mal porque uma se opõe ao mal da outra: não que elas possam engendrar a virtude, mas somente perturbar os vícios, encontrando-se a alma combatida por esses contrários, um dos quais afasta o orgulho, o outro a preguiça, e não podendo repousar em nenhum desses vícios por seus raciocínios, nem também fugir de todos.»

Foi assim que essas duas pessoas de um espírito tão belo enfim concordaram acerca da leitura desses filósofos e se encontraram no mesmo ponto, ao qual chegaram, contudo, de uma maneira um pouco diferente: o Sr. de Sacy chegou de uma vez pela clara visão dos princípios do cristianismo e o Sr. Pascal chegou somente depois de muitas voltas, apegando-se aos princípios desses filósofos.

Quando o Sr. de Sacy e todo Port-Royal des Champs estavam assim totalmente tomados pela alegria que causaram a conversão e a visão do Sr. Pascal e nele se admirava a força onipotente da graça que havia tão humildemente submetido esse espírito, por si mesmo tão elevado, por meio de uma misericórdia da qual há poucos exemplos, ficou-se ainda bem mais, quase ao mesmo tempo, da mudança quase miraculosa de uma outra pessoa[40] que encheu de alegria todo o deserto. Eu me sinto ainda agora totalmente arrebatado e fora de mim pela lembrança da consolação infinita que Deus nos deu a todos por essa conversão.

---

40 Trata-se do Sr. Richer, advogado, que se instalou em Vaumurier, junto ao duque de Luynes.

MEMORIAL

PAPEL

†

Ano da graça de 1654,

Segunda 23 de novembro, dia de São Clemente papa e mártir e de outros no Martirólogio.

Véspera[1] de São Crisógono mártir e de outros.

Desde cerca de dez e meia da noite até cerca de meia-noite e meia.

Fogo

Deus de Abraão, Deus de Isaac, Deus de Jacó,
  não dos filósofos e dos doutos.
 Certeza, certeza, sentimento, alegria, paz.
 Deus de Jesus Cristo
  Deum meum et deum vestrum.[2]
 Teu Deus será meu Deus.
  Esquecimento do mundo e de tudo exceto Deus.
 Ele se encontra somente pelas vias ensinadas no Evangelho.
   Grandeza da alma humana.
 Pai justo o mundo não te conheceu, mas eu te
conheci.
   Alegria, alegria, alegria, prantos de alegria.
 Eu me separei dele _____
 Dereliquerunt me fontem aquae vivae.[3]
 Meu Deus vós me abandonareis? _____
 Que dele eu não seja separado eternamente.

_____

Esta é a vida eterna, que eles te conheçam único verdadeiro Deus e aquele que tu enviaste J. C.
 Jesus Cristo _____

_____

 Jesus Cristo _____
Eu me separei dele, eu fugi dele, renunciei, crucifiquei.
Que dele eu não seja jamais separado! _____
Ele se conserva somente pelas vias ensinadas no Evangelho.
  Renúncia total e doce.
   Etc.

CÓPIA FIGURADA DO PERGAMINHO

Ano da graça de 1654.
Segunda 23 de novembro dia de São Clemente
papa e m. e de outros no martirólogio romano
Véspera de São Crisógono mártir e de outros etc.
Desde cerca de dez e meia da noite
até cerca de meia-noite e meia.

──────────── **FOGO** ────────────

Deus de Abraão, Deus de Isaac, Deus de Jacó,
    não dos filósofos e doutos.
    Certeza, alegria, certeza, sentimento, visão, alegria
        Deus de Jesus Cristo.
Deum meum et deum vestrum. João, 20, 17.
    Teu Deus será meu Deus. Ruth.[4]
  Esquecimento do mundo e de tudo exceto DEUS.
Ele se encontra somente pelas vias ensinadas
  no Evangelho. Grandeza da alma humana.
Pai justo, o mundo não te
  conheceu, mas eu te conheci. João, 17.[5]
  Alegria, Alegria, Alegria e prantos de alegria. ─────
  Eu me separei dele. ──────────────
  Dereliquerunt me fontem. ──────────
  Meu Deus, vós me abandonareis? ──────────
  Que dele eu não seja separado eternamente.
 Esta é a vida eterna, que eles te conheçam
  único verdadeiro Deus e aquele que tu enviaste
  Jesus Cristo ──────────────
  Jesus Cristo ──────────────
  Eu me separei dele. Eu fugi dele, renunciei, crucifiquei.
  Que dele eu não seja jamais separado! ──────
  Ele se conserva somente pelas vias ensinadas
  no Evangelho.
  Renúncia total e doce. ──────
····· Submissão total a Jesus Cristo e a meu diretor.
★★ Eternamente em alegria por um dia de exercício sobre a terra.
·····
Non obliviscar sermones tuos.[6] Amen.

Notas

1. *Véspera*, mas também *vigília*, são traduções possíveis da palavra francesa *veille*, presente nas duas versões do Memorial.

2. *João* 20: 17: "Jesus lhe diz: 'Não me retenhas, pois ainda não subi ao Pai. Vai, porém, a meus irmãos e dize-lhes: Subo a meu Pai e vosso Pai; *a meu Deus e vosso Deus*'."

3. *Jeremias* 2: 13: "Porque meu povo cometeu dois crimes: *Eles me abandonaram, a mim, fonte de água viva*, para cavar para si cisternas, cisternas furadas, que não podem conter água."

4. *Ruth* 1: 16.

5. *João* 17: 25.

6. *Salmo* 119: 16: "Delicio-me com teus estatutos e *não me esqueço da tua palavra*."

ESCRITO SOBRE A CONVERSÃO
DO PECADOR

A primeira coisa que Deus inspira à alma de que se digna tocar verdadeiramente é um conhecimento e uma visão totalmente extraordinária pela qual a alma considera as coisas e a si mesma de uma maneira totalmente nova.

Essa nova luz lhe dá receio e lhe traz uma perturbação que penetra o repouso que encontrava nas coisas que faziam suas delícias.

Ela não consegue mais apreciar com tranquilidade as coisas que a encantavam. Um escrúpulo contínuo a combate nesse deleite e essa visão interior a faz não mais encontrar o agrado habitual entre as coisas às quais se abandonava com plena efusão de seu coração.

Mas ela encontra ainda mais amargura nos exercícios de piedade do que nas vaidades do mundo. Por um lado, a presença dos objetos visíveis toca-a mais do que a esperança dos invisíveis, e, por outro, a solidez das invisíveis toca-a mais do que a vaidade das visíveis. E, assim, a presença de uns e a solidez dos outros disputam sua afeição, a vaidade de uns e a ausência dos outros excitam sua aversão, de modo que nasce nela uma desordem e uma confusão que...

Ela considera as coisas perecíveis como perecendo e até já perecidas e, na visão certa do aniquilamento de tudo o que ama, assusta-se com essa consideração, vendo que cada instante lhe arranca o deleite de seu bem, que o que lhe é mais caro se escoa a todo momento e que, enfim, chegará um certo dia no qual se encontrará privada de todas as coisas nas quais havia colocado sua esperança. Sendo assim, ela compreende perfeitamente que, estando seu coração apegado somente a coisas frágeis e vãs, sua alma deve se encontrar só e abandonada ao sair desta vida, pois não teve o cuidado de unir-se a um bem verdadeiro e subsistente por si mesmo, que pudesse sustentá-la tanto durante como após esta vida.

Conversa com o Senhor de Sacy

Daí decorre que começa a considerar como um nada tudo que deve retornar ao nada, o céu, a terra, sua inteligência, seu corpo, seus pais, seus amigos, seus inimigos, seus bens, a pobreza, a desgraça, a prosperidade, a honra, a ignomínia, a estima, o desprezo, a autoridade, a indigência, a saúde, a doença e até a vida; enfim, tudo que deve durar menos do que sua alma é incapaz de satisfazer o desejo desta alma que busca seriamente se estabelecer numa felicidade tão durável quanto si mesma.

Ela começa a se espantar da cegueira em que viveu e, quando considera, por um lado, o longo tempo que viveu sem fazer essas reflexões e o grande número de pessoas que vivem dessa maneira, e, por outro, o quanto é seguro que a alma, sendo imortal como é, não pode encontrar sua felicidade entre as coisas perecíveis e que lhe serão tiradas ao menos na morte, ela entra numa santa confusão e num espanto que lhe traz uma perturbação bem salutar.

Pois considera que, por maior que seja o número daqueles que envelhecem nas máximas do mundo e, por mais autoridade que possa ter essa multidão de exemplos dos que põem sua felicidade no mundo, é seguro, entretanto, que, ainda que as coisas do mundo tivessem algum prazer sólido, o que é reconhecido como falso por um número infinito de experiências bastante funestas e bastante contínuas, é inevitável perder essas coisas ou enfim ser delas privado pela morte, de modo que a alma, tendo amontoado tesouros de bens temporais de qualquer natureza que sejam, seja ouro, seja ciência, seja reputação, é uma necessidade indispensável que se encontre privada de todos esses objetos de sua felicidade; e que, assim, se eles foram capazes de satisfizê-la, não serão capazes de satisfazê-la sempre; e que, se se trata de obter uma felicidade verdadeira, não se propôs uma felicidade muito durável, dado que deve ser limitada ao curso da vida.

Consequentemente, por uma santa humildade, que Deus eleva acima da soberba, ela começa a se erguer acima dos homens comuns, condena a conduta deles, detesta suas máximas, chora a cegueira deles, coloca-se na busca do verdadeiro bem, compreende que é preciso que ele tenha essas duas qualidades: uma, que dure tanto quanto ela e que não possa lhe ser tirado senão com seu consentimento; outra, que não haja nada mais amável.

Ela vê que, no amor que teve pelo mundo, ela, em sua cegueira, encontrava nele essa segunda qualidade, pois não reconhecia nada como mais amável, mas, como ela não vê nele a primeira, sabe que não é o soberano bem. Ela então o busca alhures e, sabendo por uma luz totalmente pura que não está nas coisas que estão nela, nem fora dela, nem perante a ela (portanto, nada nela, nada a seus lados), começa a buscá-lo acima de si.

Essa elevação é tão eminente e transcendente que ela não se detém no céu (não há o que a satisfaz), nem acima do céu, nem nos anjos, nem nos seres mais perfeitos. Ela perpassa todas as criaturas e não pode deter seu coração até que se renda junto ao trono de Deus, no qual começa a encontrar seu repouso e o bem que é tal que não há nada mais amável e que só pode lhe ser tirado por seu próprio consentimento.

Pois, ainda que não sinta os encantos com os quais Deus recompensa o hábito na piedade, ela compreende, entretanto, que as criaturas não podem ser mais amáveis do que o Criador e sua razão, auxiliada pela luz da graça, faz-lhe saber que não há nada mais amável do que Deus e que ele pode ser tirado somente daqueles que o rejeitam, pois possuí-lo é desejá-lo e recusá-lo é perdê-lo.

Assim, ela se alegra de ter encontrado um bem que não pode lhe ser tomado enquanto o desejar e que nada tem acima de si. E, nessas novas reflexões, entra na visão das grandezas de seu Criador e em humilhações e adorações profundas. Ela se aniquila em sua presença e, não podendo formar de si mesma uma ideia suficientemente baixa, nem conceber uma suficientemente elevada desse bem soberano, faz novos esforços para se rebaixar até os últimos abismos do nada, considerando Deus nas imensidões que ela multiplica sem cessar; enfim, nesta concepção que esgota suas forças, ela o adora em silêncio, considera-se como sua vil e inútil criatura e, por seus respeitos reiterados, adora-o e abençoa-o e gostaria de para sempre o abençoar e adorar. Em seguida, ela reconhece a graça que ele lhe fez de manifestar sua infinita majestade a um tão cativo verme e, após uma firme resolução de lhe ser eternamente reconhecedora, entra em confusão por ter preferido tantas vaidades a esse mestre divino e, num espírito de compunção e penitência, recorre a sua piedade para deter sua cólera, cujo efeito lhe parece pavoroso. Na visão dessas imensidões...

Ela faz ardentes preces a Deus para obter de sua misericórdia que, como lhe aprouve se desvelar a ela, ele se apraza em conduzi-la e fazê-la conhecer os meios de chegar a ele. Pois, como é a Deus que aspira, ela aspira ainda chegar a ele só pelos meios que venham do próprio Deus, porque quer que seja ele mesmo seu caminho, seu objeto e seu fim último. Após essas preces, começa a agir e busca entre aqueles...

Ela começa a conhecer Deus e deseja chegar a ele, mas, como ignora os meios de chegar a ele, se seu desejo é sincero e verdadeiro, faz a mesma coisa que uma pessoa que, desejando chegar em algum lugar, tendo perdido o caminho e conhecendo seu extravio, teria recorrido àqueles que conhecessem perfeitamente esse caminho e...

Ela resolve conformar-se a suas vontades o resto de sua vida, mas, como sua fraqueza natural, com o hábito que tem com os pecados nos quais viveu, reduziram-na à impotência de chegar a esta felicidade, implora de sua misericórdia os meios de chegar a ele, de se apegar a ele, de aderir a ele eternamente...

Assim, reconhece que deve adorar Deus como criatura, dar-lhe graças como devedora, satisfazer-lhe como culpada, rezar como indigente.

SELETA DOS *PENSAMENTOS*

La 116 (Br 398, Sel 148)

Até mesmo todas essas misérias provam sua grandeza. São misérias de grande senhor, misérias de um rei despossuído.

La 117 (Br 409, Sel 149)

A grandeza do homem.

A grandeza do homem é tão visível que ela se depreende até de sua miséria. Pois o que é natureza nos animais chamamos miséria no homem. Donde reconhecemos que, sendo hoje sua natureza semelhante à dos animais, ele decaiu de uma natureza melhor que, outrora, lhe era própria.

Pois quem se considera infeliz por não ser rei, senão um rei despossuído? Considerava-se Paulo Emílio infeliz por não ser cônsul? Ao contrário, todo mundo achava que era feliz por tê-lo sido, porque sua condição não era de sê-lo sempre. Mas considerava-se Perseu bastante infeliz por não mais ser rei, porque sua condição era de sê-lo sempre, a ponto de se considerar estranho que ele suportasse a vida. Quem se considera infeliz por ter só uma boca? E quem não se consideraria infeliz por ter só um olho? Talvez jamais nos tenha ocorrido afligir-nos por não termos três olhos, mas somos inconsoláveis por não ter nenhum.

La 121 (Br 418, Sel 153-154)

É perigoso mostrar demasiadamente ao homem o quanto ele é igual aos animais sem lhe mostrar sua grandeza. E é ainda perigoso mostrar-lhe demasiadamente sua grandeza sem sua baixeza. É ainda mais perigoso deixá-lo ignorar uma e outra, mas é bastante vantajoso representar-lhe uma e outra.

Não é preciso que o homem creia que é igual aos animais, nem aos anjos, nem que ignore um e outro, mas que conheça um e outro.

Conversa com o Senhor de Sacy

La 122 (Br 416, Sel 155)

Em P.R.[1] Grandeza e Miséria

Concluindo-se a miséria da grandeza e a grandeza da miséria, uns concluíram a miséria tanto mais tomaram como prova dela a grandeza e outros concluíram a grandeza com tanto mais força quanto concluíram-na da miséria mesma, tudo que uns puderam dizer para mostrar a grandeza só serviu de argumento aos outros para concluir a miséria, pois, de quanto mais alto se cai, mais miserável se é. E os outros o inverso. Eles se apoiaram uns sobre os outros num círculo sem fim, estando certos de que, à medida que os homens têm luz, encontram grandeza e miséria no homem. Em uma palavra, o homem sabe que é miserável. Ele é, portanto, miserável, porque o é. Mas é bem grande, porque o sabe.

La 130 (Br 420, Sel 163)

Se ele se gaba, eu o rebaixo.
Se se rebaixa, eu o gabo.

---

[1] Este fragmento remonta a uma conferência que Pascal proferiu em Port-Royal (donde o P.-R), mais precisamente Port-Royal de Paris no ano de 1657 (segundo E. Martineau) ou 1658 (J. Mesnard). O fragmento La 149 (Br 430, Sel 182-274), traduzido logo a seguir, constitui seu testemunho mais longo e importante.

E o contradigo sempre

Até que compreenda

Que é um monstro incompreensível.

La 131 (Br 434, Sel 164)

As principais forças dos pirrônicos, deixo de lado as menores, são que não temos certeza alguma da verdade desses princípios – fora da fé e da revelação – senão no fato de que os sentimos naturalmente em nós. Ora, esse sentimento natural não é uma prova convincente de sua verdade, pois, não havendo certeza fora da fé se o homem foi criado por um Deus bom, por um demônio mau ou ao acaso, ele fica em dúvida se esses princípios nos são dados ou como verdadeiros ou falsos ou incertos, segundo nossa origem.

Ademais, ninguém tem certeza – fora da fé – se está acordado ou se dorme, visto que, durante o sono, cremos estar acordados tão firmemente como quando o fazemos. Cremos ver os espaços, as figuras, os movimentos. Sentimos passar o tempo, medimo-lo e, enfim, agimos tal como quando acordados de modo que a metade da vida se passando no sono, por nossa própria visão ou o que quer que nos pareça, não temos ideia alguma do verdadeiro, todos os nossos pensamentos sendo então ilusões. Quem sabe se essa outra metade da vida na qual pensamos estar acordados não é somente um outro sono um pouco diferente do primeiro do qual acordamos quando pensamos dormir? *(Como frequentemente sonhamos que sonhamos, sobrepondo um sonho a outro, pode bem ocorrer que esta metade da vida na qual pensamos estar acordados seja ela mesma apenas um sonho, sobre o qual os outros são postos e do qual acordamos na morte, metade durante a qual temos tão pouco os princípios do verdadeiro e do bem quanto durante o sonho natural, toda essa passagem do tempo da vida e esses diversos corpos que sentimos, esses diferentes pensamentos que nos agitam sendo talvez somente ilusões semelhantes à passagem do tempo e aos vãos fantasmas de nossos sonhos.)*

Eis as principais forças de uma parte e de outra. Deixo de lado as menores, como os discursos que os pirrônicos fizeram contra as impressões do hábito, da educação, dos costumes dos países e outras coisas semelhantes que, embora arrastem a maior parte dos homens comuns, que só dogmatizam sobre esses vão fundamentos, são revertidas pelo menor sopro dos pirrônicos. Basta ver seus livros caso não se esteja suficientemente persuadido, ficar-se-á muito rápido e talvez demasiadamente.

Atenho-me à única força dos dogmáticos que é que, falando de boa fé e sinceramente, não se pode duvidar dos princípios naturais.

Contra isso os pirrônicos opõem, em uma palavra, a incerteza de nossa origem, que engloba a de nossa natureza. A isso os dogmáticos ainda estão para responder desde que o mundo é mundo.

Eis a guerra aberta entre os homens, na qual é preciso que cada um tome partido e se ponha necessariamente ou no dogmatismo ou no pirronismo, pois quem pensar permanecer neutro será pirrônico por excelência. Essa neutralidade é a essência da cabala. Quem não é contra eles é excelentemente a seu favor. Eles não são a favor de si mesmos, são neutros, indiferentes, suspensos a tudo sem excetuar a si mesmos.

Que fará, então, o homem nesse estado? Duvidará de tudo? Duvidará se está acordado, se é picado, queimado? Duvidará se duvida? Duvidará se existe? Não se pode chegar a tanto e tomo como um fato que jamais houve pirrônico efetivo perfeito. A natureza sustenta a razão impotente e impede-a de extravasar a esse ponto.

Dirá então, ao contrário, que possui certamente a verdade, ele que, por pouco que o pressionemos, não pode mostrar nenhum título dela e é forçado a desistir?

Que quimera é então o homem, que novidade, que monstro, que caos, que sujeito de contradições, que prodígio, juiz de todas as coisas, imbecil verme da terra, depositário do verdadeiro, cloaca de incerteza e erro, glória e escória do universo.

Quem deslindará esse emaranhado? *(Certamente isso ultrapassa o dogmatismo e o pirronismo e toda a filosofia humana. O homem ultrapassa o homem. Que se conceda então aos pirrônicos o que tanto clamaram, que a verdade não está em nossa alçada, nem é nossa caça, que ela não reside na terra, que* é familiar ao céu, que está alojada no seio de Deus e que só podemos conhecê-la à medida que lhe apraz revelá-la. Aprendamos, *pois, da verdade incriada e encarnada nossa verdadeira natureza.*

Não se pode ser pirrônico sem sufocar a natureza, não se pode ser dogmático sem renunciar à razão.) A natureza confunde os pirrônicos e a razão confunde os dogmáticos. O que vós vos tornareis então, ó homem que busca qual é vossa verdadeira condição com vossa razão natural? Vós não podeis escapar de uma dessas seitas, nem subsistir em nenhuma.

Conhecei, pois, soberbo, que paradoxo sois a vós mesmos! Humilhai-vos, razão impotente! Calai-vos, natureza imbecil! Aprendei que o homem ultrapassa infinitamente o homem e ouvi de vosso mestre vossa condição verdadeira que vós ignorais.

Escutai Deus.

(*Não é, pois, claro como o dia que a condição do homem é dupla? Certamente.*) Pois, enfim, se jamais tivesse sido corrompido, o homem gozaria em sua inocência tanto da verdade como da felicidade com segurança. E, se não fosse jamais senão corrompido, o homem não teria ideia alguma nem da verdade, nem da beatitude. Mas, infelizes que somos e mais se não houvesse grandeza em nossa condição, temos uma ideia da felicidade e não podemos chegar a ela, sentimos uma imagem da verdade e só possuímos mentira, incapazes de ignorar absolutamente e de saber certamente, tanto é manifesto que estivemos num grau de perfeição do qual infelizmente decaímos.

Coisa espantosa, entretanto, que o mistério mais distante de nosso conhecimento, que é o da transmissão do pecado, seja uma coisa sem a qual não podemos ter conhecimento algum de nós mesmos!

Sem dúvida, não há nada que choque mais nossa razão do que dizer que o pecado do primeiro homem tenha tornado culpados aqueles que, estando tão distantes dessa fonte, parecem incapazes de participar dele. Essa passagem não nos parece somente impossível, parece-nos mesmo muito injusta, pois o que há de mais contrário às regras de nossa miserável justiça do que condenar eternamente uma criança incapaz de vontade por um pecado no qual parece ter tão pouca parte, já que cometido seis mil anos antes de ela vir a ser? Certamente, nada nos choca mais rudemente do que essa doutrina. E, entretanto, sem esse mistério, o mais incompreensível de todos, somos incompreensíveis a nós mesmos. O nó de nossa condição ganha suas dobras e contornos nesse abismo, de modo que o homem é mais inconcebível sem esse mistério do que esse mistério é inconcebível ao homem.

(Donde parece que Deus, para reservar somente a si o direito de nos instruir acerca de nós mesmos, querendo tornar a dificuldade de nosso ser ininteligível a nós mesmos, escondeu o nó tão alto ou, para dizer melhor, tão baixo, que éramos incapazes de chegar a ele, de modo que não é pelas soberbas agitações de nossa razão, mas pela simples submissão da razão, que podemos verdadeiramente nos conhecer.

Esses fundamentos solidamente estabelecidos sobre a autoridade inviolável da religião nos fazem conhecer que há duas verdades de fé igualmente constantes: uma, que o homem, no estado de criação, ou naquele da graça, é elevado acima de toda natureza, torna-se como semelhante a Deus e participante da divindade. A outra, que, no estado da corrupção e do pecado, está decaído desse estado e torna-se semelhante aos animais. Essas duas proposições são igualmente firmes e certas.

A Escritura declara-as manifestamente a nós, quando diz, em alguns lugares, Deliciae meae esse cum filiis hominum.[2] Effundam spiritum meun super omnem carnem.[3] Dii estis.[4] Etc. E quando diz, noutros: Omnis caro foenum.[5] Homo assimilatus est jumentis insipientibus et similis factus est illis.[6] Dixi in corde meo de filiis hominum. – Eccl. 3.[7]

---

2   Provérbios 8: 31: "Brincava na superfície da terra, encontrava minhas delícias entre os homens [ou com os filhos dos homens, segundo a citação de Pascal.]"

3   Joel 3: 1: "Depois disto, derramarei meu espírito sobre toda carne."

4   Salmo 82: 6: "Eu declarei: vós sois deuses, todos vós sois filhos do Altíssimo."

5   Isaías 40: 6: "Eis uma vos que diz: "Clama", ao que pergunto: "Que hei de clamar?" – "Toda carne é erva e toda a sua graça como flor no campo.""

6   Salmo 49: 13: "Mas o homem com seu luxo não atende, é semelhante ao animal mudo... [ou, segundo a citação de Pascal, o homem (...) assemelhou-se aos animais, que não têm razão, e tornou-se semelhante a eles.]"

7   Eclesiastes 3: 18: "Quanto aos homens penso assim [ou, segundo a citação de Pascal, Disse em meu coração acerca dos filhos dos homens]: Deus os põe à prova para mostrar-lhes que são animais."

Donde parece claramente que o homem, pela graça, torna-se semelhante a Deus e participante de sua divindade e que, sem a graça, é considerado semelhante aos animais brutos.)

La 149 (Br 430, Sel 182-274)

Em P.-R. Começo.
Após ter explicado a incompreensibilidade.

As grandezas e as misérias do homem são tão visíveis que é preciso necessariamente que a verdadeira religião nos ensine tanto que há algum grande princípio de grandeza no homem como que há um grande princípio de miséria.

É preciso ainda que ela nos explique essas espantosas contrariedades.

É preciso que, para tornar o homem feliz, ela lhe mostre que há um Deus, o qual somos obrigados a amar, que nossa verdadeira felicidade é estar nele e nosso único mal estar separado dele, que ela reconheça que estamos cheios de trevas que nos impedem de conhecê-lo e amá-lo e que, assim, nossos deveres nos obrigando a amar Deus e nossas concupiscências nos desviando dele, estamos cheios de injustiça. É preciso que ela nos explique essas oposições que temos com relação a Deus e a nosso próprio bem. É preciso que nos ensine os remédios para essas impotências e os meios de obter esses remédios. Examinem-se, a partir daí, todas as religiões do mundo e veja-se se há alguma outra senão a cristã que satisfaça a isso.

Serão os filósofos, que nos propõem como todo o bem os bens que estão em nós? É esse o verdadeiro bem? Encontraram eles o remédio para nossos males? Ter-se-á curado a presunção do homem ao tê-lo colocado igual a Deus? Os que nos igualaram aos animais e os maometanos, que nos deram os prazeres da terra como todo o bem, mesmo na eternidade, trouxeram eles o remédio para nossas concupiscências?

Qual religião nos ensinará, pois, a curar o orgulho e a concupiscência? Qual religião, enfim, nos ensinará nosso bem, nossos deveres, as fraquezas que nos desviam deles, a causa dessas fraquezas, os remédios que podem curá-las e o meio de obter esses remédios? Nenhuma outra religião pôde fazê-lo. Vejamos o que fará a sabedoria de Deus.

"Não espereis, diz ela, ó homens, nem verdade, nem consolação dos homens. Eu sou aquela que vos formou e a única que pode vos ensinar quem sois.

Mas agora vós não estais mais no estado em que vos formei. Criei o homem santo, inocente, perfeito, enchi-o de luz e inteligência, comuniquei-lhe minha glória e minhas maravilhas. O olho do homem via então a majestade de Deus. Ele então não estava nas trevas que o cegam, nem na mortalidade e nas misérias que o afligem. Mas não pôde sustentar tanta glória sem cair na presunção. Quis tornar-se o centro de si mesmo e independente de meu auxílio. Ele se subtraiu de minha dominação e, igualando-se a mim pelo desejo de encontrar sua felicidade em si mesmo, abandonei-o a si e, revoltando as criaturas que lhe eram submissas, tornei-as suas inimigas, de modo que hoje o homem tornou-se semelhante aos animais e num tal distanciamento de mim que mal lhe resta uma luz confusa de seu autor, tanto foram apagados ou perturbados todos os seus conhecimentos. Os sentidos, independentes da razão e frequentemente mestres da razão, levaram-no à busca dos prazeres. Todas as criaturas ou o afligem ou o tentam e exercem domínio sobre ele, seja submetendo-o pela força, seja encantando-o pela doçura, o que é uma dominação mais terrível e mais injuriosa.

Eis o estado no qual os homens estão hoje. Resta-lhes algum instinto impotente da felicidade de sua primeira natureza e eles estão mergulhados nas misérias de sua cegueira e de sua concupiscência, que se tornou sua segunda natureza.

A partir desse princípio que vos exponho, vós podeis reconhecer a causa de tantas contrariedades que espantaram todos os homens e que os dividiram em tão diversos pensamentos. Observai agora todos os movimentos de grandeza e glória que a experiência de tantas misérias não pode sufocar e vede se não é preciso que a causa esteja numa outra natureza."

Em P.-R. Para amanhã.

Prosopopeia

"É em vão, ó homens, que buscais em vós mesmos o remédio para vossas misérias. Todas as vossas luzes só podem chegar a conhecer que não é em vós mesmos que encontrareis tanto a verdade como o bem.

Os filósofos o prometeram a vós e não puderam fazê-lo.

Eles não sabem nem qual é vosso verdadeiro bem, nem qual é vosso verdadeiro estado. *(Eu sou a única que pode vos ensinar qual é vosso verdadeiro bem e [qual é vosso verdadeiro estado]. Ensino-o àqueles que me escutam e os Livros que coloquei entre as mãos dos homens os desvelam bem nitidamente. Mas eu não quis que esse conhecimento estivesse tão manifesto. Ensino aos homens o que pode torná-los felizes: por que vos recusais a me ouvir?*

Não busqueis satisfação na terra, não espereis nada dos homens. Vosso bem está somente em Deus e a felicidade soberana consiste em conhecer Deus, unir-se a ele para sempre na eternidade. Vosso dever é amá-lo com todo vosso coração. Ele vos criou.) Como poderiam eles fornecer remédios para vossos males que nem sequer conheceram? Vossas principais doenças são o orgulho, que vos subtrai de Deus, e a concupiscência, que vos prende à terra, e eles não fizeram outra coisa senão fomentar ao menos uma dessas doenças. Se vos deram Deus como objeto, isso só foi para exercer vossa soberba. Eles vos fizeram pensar que éreis semelhantes e conformes a ele por vossa natureza. E os que viram a vaidade dessa pretensão lançaram-vos no outro precipício, fazendo-vos pensar que vossa natureza era semelhante à dos animais, e dispuseram-vos a buscar vosso bem nas concupiscências, que são próprias dos animais.

Não é esse o meio de vos curar de vossas injustiças, que esses sábios não conheceram. Só eu posso vos fazer entender quem sois." Etc.

("Eu não vos peço uma crença cega.")

Adão. Jesus Cristo.

Se vós sois unidos a Deus, é pela graça, não pela natureza.

Se vós sois rebaixados, é pela penitência, não pela natureza.

Assim, essa dupla capacidade:

Vós não estais no estado de vossa criação.

Uma vez manifestos esses dois estados, é impossível que vós não os reconheçais.

Segui vossos movimentos, observai a vós mesmos e vede se não encontreis em vós os caracteres vivazes dessas duas naturezas.

Tantas contradições encontrar-se-iam num sujeito simples?

Incompreensível.

Tudo que é incompreensível não deixa de ser. O número infinito, um espaço infinito igual ao finito.

Incrível que Deus se una a nós.

Essa consideração só é tirada da visão de nossa baixeza, mas, se a tendes bem sincera, segui-a tão longe quanto eu e reconhecei que estamos realmente tão baixo que somos incapazes por nós mesmos de saber se sua misericórdia não pode nos tornar capazes dele. Pois eu gostaria de saber de onde esse animal que se reconhece tão fraco tem o direito de medir a misericórdia de Deus e de nela colocar os limites que sua fantasia lhe sugere. Ele sabe tão pouco o que é Deus que não sabe o que ele próprio é. E, totalmente perturbado pela visão de seu próprio estado, ousa dizer que Deus não pode torná-lo capaz de sua comunicação. Mas eu gostaria de lhe perguntar se Deus lhe pede outra coisa exceto que o ame e o conheça e porque crê que Deus não pode se tornar cognoscível e amável para ele, dado que é naturalmente capaz de amor e de conhecimento. Sem dúvida, conhece ao menos que existe e que ama alguma coisa. Portanto, se vê alguma coisa nas trevas onde está e se encontra algum motivo de amor entre as coisas da terra, por que, se Deus lhe desvela alguns raios de sua essência, não será capaz de conhecê-lo e amá-lo da maneira que lhe compraza se comunicar conosco? Há, pois, sem dúvida, uma presunção insuportável nesses tipos de raciocínio, embora pareçam fundados sobre uma humildade aparente, que não é nem sincera, nem razoável, se não nos faz confessar que, não sabendo por nós mesmos quem somos, podemos aprendê-lo somente de Deus.

"Não tenho a intenção de que submetais vossa crença a mim sem razão e não pretendo vos assujeitar com tirania. Não pretendo tampouco vos explicar todas as coisas. E, para conciliar essas contrariedades, tento vos mostrar claramente com provas convincentes marcas divinas em mim, que vos convençam do que sou, e conferir autoridade a mim com maravilhas e provas que não possais recusar, e, em seguida, crereis nas coisas que vos ensino, quando não encontrardes outro motivo para recusá-las, exceto que não podeis por vós mesmos saber se elas existem ou não."

Deus quis redimir os homens e oferecer a salvação àqueles que o buscassem. Mas os homens se tornam tão indignos dele que é justo que Deus recuse a alguns, por causa do endurecimento deles, o que concede aos outros por uma misericórdia que não lhes é devida.

Se tivesse querido superar a obstinação dos mais empedernidos, teria podido, desvelando-se tão manifestamente a eles que não teriam podido duvidar da verdade de sua essência, como aparecerá no último dia com um tal brilho de faíscas e uma tal reversão da natureza que os mortos ressuscitarão e os mais cegos o verão.

Não é desse modo que ele quis aparecer em sua vinda de doçura, porque, tantos homens tornando-se indignos de sua clemência, quis deixá-los na privação do bem que não querem. Não era justo, pois, que aparecesse de uma maneira manifestamente divina e absolutamente capaz de convencer todos os homens. Mas também não era justo que viesse de uma maneira tão escondida que não pudesse ser reconhecido por aqueles que o buscam sinceramente. Ele quis tornar-se perfeitamente cognoscível a esses. E,

Conversa com o Senhor de Sacy

assim, desejando aparecer desveladamente a quem o busca de todo coração e escondido aos que fogem dele de todo coração, ele temperou...

Em P.R. para Amanhã 2

temperou seu conhecimento, de modo que deu marcas de si visíveis a quem o busca e não a quem não o busca.

Há luz suficiente para os que não desejam senão vê-lo e suficiente obscuridade para os que têm uma disposição contrária.

La 188 (Br 267, Sel 220)

O último passo da razão é reconhecer que há uma infinidade de coisas que a ultrapassam. Ela é somente fraca se não chega até a conhecer isso.

Ora, se as coisas naturais a ultrapassam, que se dirá das sobrenaturais?

La 192 (Br 527, Sel 225)

O conhecimento de Deus sem o da própria miséria faz o orgulho.

O conhecimento da própria miséria sem o de Deus faz o desespero.

O conhecimento de Jesus Cristo faz o meio, porque nele encontramos tanto Deus como a nossa miséria.

La 208 (Br 435, Sel 240)

Sem esses conhecimentos divinos, o que puderam fazer os homens senão elevar-se no sentimento interior que lhes resta de sua grandeza passada ou abater-se com a visão de sua fraqueza presente? Pois, não vendo a verdade inteira, não puderam chegar a uma perfeita virtude; uns considerando a natureza como incorrupta, outros como irreparável, não puderam escapar seja do orgulho, seja da preguiça, que são as duas fontes de todos os vícios, dado que não podem senão a eles se abandonar por indolência ou deles sair por orgulho. Pois, se conheciam a excelência do homem, ignoravam sua corrupção, de modo que evitavam a preguiça, mas se perdiam na soberba, e, se reconheciam a fraqueza da natureza, ignoravam sua dignidade, de modo que podiam evitar a vaidade, mas faziam-no precipitando-se no desespero.

Daí provêm as diversas seitas dos estoicos e dos epicuristas, dos dogmáticos e dos acadêmicos etc.

Somente a religião cristã pôde curar esses dois vícios, não eliminando um pelo outro pela sabedoria da terra, mas eliminando um e outro pela simplicidade do Evangelho. Pois ela ensina aos justos, que ela eleva até a participação da própria divindade, que nesse sublime estado eles ainda trazem a fonte de toda corrupção, a qual os torna durante toda a vida sujeitos ao erro, à miséria, à morte, ao pecado, e ela clama aos mais ímpios que eles são capazes da graça de seu Redentor. Assim, fazendo tremer aqueles que justifica e consolando aqueles que condena, tempera com tamanha justeza o temor com a esperança por meio dessa dupla capacidade que é comum a todos, a graça e o pecado, que rebaixa infinitamente mais do que a razão sozinha pode fazer, mas sem desesperar, e eleva infinitamente mais do que o orgulho da natureza, mas sem inflar, mostrando assim que, sendo somente ela isenta de erro e vício, só a ela cabe instruir e corrigir os homens.

Quem pode, então, recusar crer nessas luzes celestes e adorá-las? Pois não é mais claro do que o dia que nós sentimos em nós mesmos caracteres indestrutíveis da excelência e não é também verdadeiro que experimentamos a toda hora os efeitos de nossa deplorável condição?

O que nos clamam então esse caos e essa confusão monstruosa senão a verdade desses dois estados com uma voz tão potente que lhe é impossível resistir?

La 226 (Br 523, Sel 258)

Toda a fé consiste em Jesus Cristo e em Adão e toda a moral na concupiscência e na graça.

La 351 (Br 537, Sel 383)

O cristianismo é estranho: ordena ao homem reconhecer que é vil e até abominável e ordena-lhe querer ser semelhante a Deus. Sem um tal contrapeso, essa elevação o tornaria horrivelmente vão ou esse abatimento o tornaria horrivelmente abjeto.

La 393 (Br 442, Sel 12)

A verdadeira natureza do homem, seu verdadeiro bem, a verdadeira virtude e a verdadeira religião são coisas cujo conhecimento é inseparável.

La 398 (Br 525, Sel 17)

Os filósofos não prescreviam sentimentos proporcionais aos dois estados.

Inspiravam movimentos de grandeza pura e esse não é o estado do homem.

Inspiravam movimentos de baixeza pura e esse não é o estado do homem.

É preciso movimentos de baixeza, não de natureza, mas de penitência, não para

Conversa com o Senhor de Sacy

permanecer nela, mas para encaminhar-se à grandeza. É preciso movimentos de grandeza, não de mérito, mas de graça e após ter passado pela baixeza.

La 401 (Br 437, Sel 20)

Desejamos a verdade e encontramos em nós somente a incerteza.

Buscamos a felicidade e encontramos somente miséria e morte.

Somos incapazes de não desejar a verdade e a felicidade e somos incapazes da certeza e da felicidade.

Esse desejo foi deixado em nós tanto para nos punir como para nos fazer sentir de onde caímos.

La 404 (Br 424, Sel 23)

Todas essas contrariedades que pareciam mais me afastar do conhecimento de uma religião é o que mais depressa me conduziu à verdadeira.

La 406 (Br 395, Sel 25)

Instinto, razão.

Temos uma impotência de provar invencível a todo dogmatismo.

Temos uma ideia da verdade invencível a todo pirronismo.

La 430 (Br 431, Sel 683)

Ninguém soube que o homem é a mais excelente criatura. Uns, que conheceram bem a realidade de sua excelência, tomaram como indolência e ingratidão os sentimentos baixos que os homens naturalmente têm de si mesmos; outros, que conheceram bem o quanto essa baixeza é efetiva, trataram como uma soberba ridícula esses sentimentos de grandeza, que também são naturais ao homem.

"Erguei vossos olhos para Deus, dizem uns. Vede aquele a quem vos assemelhais e que vos fez para adorá-lo. Vós podeis tornar-vos semelhantes a ele. A sabedoria vos igualará a ele, se quiserdes segui-lo." – "Levantai a cabeça, homens livres", diz Epiteto. – E os outros lhe dizem: "Baixai vossos olhos para a terra, cativo verme que sois, e olhai os animais dos quais sois a companhia." O que se tornará então o homem: será igual a Deus ou aos animais? Que espantosa distância! O que seremos nós, pois? Quem não vê, por tudo isso, que o homem está extraviado, que caiu de seu lugar, que o busca com inquietude, que não pode mais reencontrá-lo? E quem, então, o dirigirá a ele? Os maiores homens não puderam fazê-lo.

La 431 (Br 560, Sel 683)

Não concebemos nem o estado glorioso de Adão, nem a natureza de seu pecado, nem a transmissão que se fez dele em nós. São coisas que se passaram no estado de uma natureza totalmente diferente da nossa e que ultrapassam o estado de nossa capacidade presente.

Tudo isso nos seria inútil saber para sair dele. E tudo que nos importa conhecer é que somos miseráveis, corrompidos, separados de Deus, mas redimidos por Jesus Cristo. E é disso que temos provas admiráveis sobre a terra.

Assim, as duas provas da corrupção e da Redenção se tiram dos ímpios, que vivem na indiferença da religião, e dos judeus, que são os inimigos irreconciliáveis dela.

La 443 (Br 863, Sel 690)

Todos erram tão mais perigosamente quanto seguem cada um uma verdade: sua falta não é seguir uma falsidade, mas não seguir uma outra verdade.

La 449 (Br 556, Sel 690)

Eles blasfemam contra o que ignoram. A religião cristã consiste em dois pontos. Importa igualmente aos homens conhecê-los e é perigoso ignorá-los.

E é igualmente da misericórdia de Deus ter dado marcas dos dois.

E, entretanto, eles encontram motivo para concluir que um desses pontos não existe a partir do que lhes deveria fazer concluir o outro.

Os sábios que disseram que existe somente um Deus foram perseguidos; os Judeus, odiados; os cristãos ainda mais.

Eles viram pela luz natural que, se há uma verdadeira religião sobre a terra, a condução de todas as coisas deve tender a ela como que a seu centro.

(Toda a condução das coisas deve ter como objeto o estabelecimento da grandeza da religião. Os homens devem ter em si mesmos sentimentos conformes ao que ela nos ensina. E, enfim, ela deve ser de tal modo o objeto e o centro ao qual todas as coisas tendem que quem souber seus princípios poderá explicar toda a natureza do homem em particular e toda a condução do mundo em geral.)

E, sobre esse fundamento, encontram ocasião de blasfemar contra a religião cristã, porque a conhecem mal. Imaginam que consiste simplesmente na adoração de um Deus considerado como grande, potente e eterno: o que é propriamente o deísmo, quase tão afastado da religião cristã quanto o ateísmo, que lhe é totalmente contrário. E disso concluem que essa religião não é verdadeira, porque não veem que todas as coisas confluem para o estabelecimento deste ponto, que Deus não se manifesta aos homens com toda a evidência com que poderia fazê-lo.

Mas, concluam o que quiserem contra o deísmo, nada concluirão contra a religião cristã, que consiste propriamente no mistério do Redentor, que, unindo em si as duas naturezas, humana e divina, retirou os homens da corrupção e do pecado para reconciliá-los com Deus em sua pessoa divina.

Ela, portanto, ensina aos homens estas duas verdades conjuntas: tanto que há um Deus do qual os homens são capazes como que há uma corrupção na natureza que os torna indignos dele. Importa igualmente aos homens conhecer um e outro desses pontos e é igualmente perigoso ao homem conhecer Deus sem conhecer a própria miséria e conhecer a própria miséria sem conhecer o Redentor que pode curá-lo dela.

Um só desses conhecimentos gera ou a soberba dos filósofos, que conheceram Deus e não a própria miséria, ou o desespero dos ateus, que conhecem a própria miséria sem Redentor.

E, assim, como é igualmente da necessidade do homem conhecer esses dois pontos, é igualmente da misericórdia de Deus ter-nos feito conhecê-los. A religião cristã o faz, é nisso que ela consiste.

Examine-se, a partir disso, a ordem do mundo e veja-se se todas as coisas não tendem ao estabelecimento desses dois cumes de nossa religião!

(Jesus Cristo é o objeto de tudo e o centro ao qual tudo tende. Quem o conhece conhece a razão de todas as coisas.)

Os que se extraviam não se extraviam senão por falta de ver uma dessas duas coisas: pode-se, pois, conhecer Deus sem a própria miséria e a própria miséria sem Deus. Mas não se pode conhecer Jesus Cristo sem conhecer simultaneamente Deus e a miséria.

E é por isso que não tentarei aqui provar com razões naturais a existência de Deus, a Trindade ou a imortalidade da alma, nem quaisquer outras coisas dessa natureza não somente porque não me sentiria suficientemente forte para encontrar na natureza o que convencesse ateus empedernidos, mas ainda porque esse conhecimento sem Jesus Cristo é inútil e estéril. Se um homem estivesse persuadido de que as proporções dos números são verdades imateriais, eternas e dependentes de uma primeira verdade em que subsistem e que chamamos de Deus, eu não o consideraria muito avançado para a sua salvação.

O Deus dos cristãos não consiste num Deus simplesmente autor das verdades geométricas e da ordem dos elementos: trata-se da parte dos pagãos e epicuristas. Não consiste somente num Deus que exerce sua Providência sobre a vida e sobre os bens dos homens para dar uma feliz sequência de anos aos que o adoram: trata-se da porção dos Judeus. Mas o Deus de Abraão, o Deus de Isaac, o Deus de Jacó, o Deus dos cristãos é um Deus de amor e de consolação; é um Deus que preenche a alma e o coração dos que ele possui; é um Deus que lhes faz sentir internamente a miséria e sua misericórdia infinita, que se une ao fundo da alma, que a preenche de humildade, de alegria, de confiança, de amor; que os torna incapazes de outro fim senão ele mesmo.

Todos que buscam Deus fora de Jesus Cristo e que se detêm na natureza ou não encontram luz alguma que os satisfaça ou chegam a formar para si mesmos um meio de conhecer Deus e de servi-lo sem mediador. Desse modo, caem, ou no ateísmo, ou no deísmo, que são duas coisas que a religião cristã abomina quase igualmente.

Sem Jesus Cristo, o mundo não subsistiria, pois seria preciso ou que fosse destruído ou que fosse como um inferno.

Se o mundo subsistisse para instruir o homem acerca de Deus, sua divindade reluziria nele por todas as partes de uma maneira incontestável. Mas, como subsiste somente por Jesus Cristo e para Jesus Cristo e para instruir os homens, seja de sua corrupção, seja de sua redenção, tudo nele emana provas dessas duas verdades.

O que nele aparece não contém nem uma exclusão total, nem uma presença manifesta de divindade, mas a presença de um Deus que se esconde. Tudo possui essa característica.

O único que conhece a natureza não a conhecerá senão para ser miserável?

O único que a conhece será o único infeliz?

Não é preciso que ele não veja absolutamente nada, não é preciso tampouco que veja bastante para crer que o possui, mas que veja o suficiente para saber que o perdeu. Pois, para saber que se perdeu, é preciso ver e não ver: e é precisamente o estado no qual está a natureza.

Qualquer partido que tome, não o deixarei em repouso.

La 464 (Br 419, Sel 703)

Não permitirei que ele repouse nem em um, nem em outro, a fim de que, estando sem assento e sem repouso...

La 619 (Br 394, Sel 512)

Todos os seus princípios são verdadeiros, dos pirrônicos, dos estoicos, dos ateus, etc... Mas suas conclusões são falsas, porque os princípios opostos são verdadeiros também.

La 629 (Br 417, Sel 522)

Essa duplicidade do homem é tão visível que há quem pensou que tínhamos duas almas.

Um sujeito simples, parecendo-lhes incapaz de tais e tão súbitas variedades: de uma presunção desmedida a um horrível abatimento de coração.

La 658 (Br 391, Sel 542)

Conversação:
Grandes palavras para a religião: "Eu a nego."
Conversação:
O pirronismo serve à religião.

La 674 (Br 359, Sel 553)

Não nos sustentamos na virtude por nossa própria força, mas pelo contrapeso de dois vícios opostos, como permanecemos em pé entre dois ventos contrários. Tirai um desses dois vícios, caímos no outro.

La 691 (Br 432, Sel 570)

Pirronismo.

O pirronismo é o verdadeiro, pois, afinal, os homens, antes de Jesus Cristo, não sabiam onde estavam, nem se eram grandes ou pequenos. E os que disseram um e outro não sabiam nada e adivinhavam sem razão e por acaso, e mesmo eles erravam sempre, excluindo um ou outro.

Quod ergo ignorantes quaeritis, religio annuntiat vobis.[8]

La 695 (Br 445, Sel 574)

O pecado original é loucura perante os homens, mas é dado como tal. Vós não deveis

---

8 Trata-se de uma referência aos *Atos dos Apóstolos* (17: 23) – "Pois, percorrendo a vossa cidade e observando os vossos monumentos sagrados, encontrei até um altar com a inscrição: "Ao Deus desconhecido". Ora bem, *o que adorais sem conhecer, isto venho eu anunciar-vos"* – que Pascal reformula da seguinte maneira: *O que buscais sem conhecer, a religião anuncia-o a vós.*

então me censurar a falta de razão nessa doutrina, pois a dou como sendo sem razão. Mas essa loucura é mais sábia que toda sabedoria dos homens, *sapientius est hominibus*,[9] pois, sem ela, o que se dirá que é o homem? Todo seu estado depende desse ponto imperceptível. E como se aperceberia dele por meio de sua razão, dado que é algo contra sua razão e que sua razão, bem longe de inventá-lo por suas vias, afasta-se dele, quando o apresentam a ela?

---

9   *I Coríntios* I: 25: "Pois o que é loucura de Deus é *mais sábio do que os homens*, e o que é fraqueza de Deus é mais forte do que os homens."

LEITURAS SUGERIDAS

Edições de referência da *Conversa de Pascal com o Senhor de Sacy*

COURCELLE, P. *L'Entretien de Pascal et Sacy, ses sources et ses énigmes*. Paris: Vrin, 1960.

FONTAINE, N. *Mémoires ou Histoire des Solitaires de Port-Royal*. Paris: Honoré Champion, 2001 (éd. critique P. Thouvenin).

GOUNELLE, A. *L'Entretien de Pascal avec M. de Sacy. Étude et Commentaire*. Paris: PUF, 1966.

PASCAL, B. "Entretien avec Monsieur de Sacy sur Épictète et Montaigne". In: *Œuvres Complètes*, vol. III. Paris: Desclée de Brouwer, 1991 (Texte établi, présenté et annoté par J. Mesnard).

_____. *Entretien avec M. de Sacy sur Épictète et Montaigne* – Original inédit. Paris: Desclée de Brouwer, 1994 (Texte établi, présenté et annoté par P. Mengotti-Thouvenin & J. Mesnard).

* Nas *Obras Completas* elaboradas por J. Mesnard, há uma longa introdução em que ele analisa os manuscritos da *Conversa* e comenta, desde as publicações de Desmolets (1728) e Tronchai (1736), as edições que o opúsculo obteve, especialmente as edições críticas. Entretanto, com a descoberta do manuscrito autógrafo das *Memórias*, o próprio J. Mesnard reconhece, agora no ensaio que antecede a publicação do texto inédito, que a comparação das diferentes lições perdeu o sentido, uma vez que o original de Fontaine impõe-se sobre todas as versões precedentes. As edições de P. Courcelle e A. Gounelle permanecem como referência, não obstante, por causa dos estudos que as acompanham. A edição completa e crítica das *Memórias*, que permite integrar a *Conversa* ao restante da obra, foi feita, com excelência, por P. Thouvenin.

Traduções para o português e outras edições da *Conversa*

PASCAL, B. "Colóquio entre Pascal e Sacy sobre a leitura de Epitecto e Montaigne". In: *Do*

Espírito Geométrico e outros textos. Trad. A. G. da Silva. São Paulo: Escala, 2006.

_____. "Colóquio com o senhor de Saci sobre Epiteto e Montaigne". Trad. J. Conte. *Princípios*, vol. 12 n. 17-18, 2005, p. 183-204.

_____. "Conversa com o Sr. de Saci". In: *Do Espírito Geométrico e Da Arte de Persuadir e outras páginas*. Trad. H. B. Ruas. Porto: Porto Editora, 2003.

_____. "Conversation with M. de Saci". In: POPKIN, R. (org. e trad.). *Pascal Selections*. Nova York: Macmillan Publishing Company, 1989.

_____. *Conversación con el Sr. de Saci*. Salamanca: Sígueme, 2006 (Traducción y comentario de A. V. Ezcurra).

_____. *Entretien avec Sacy sur la philosophie*. Mayenne: Actes Sud, 2003 (Présentation et lecture de R. Scholar).

_____. *Pensieri*. Trad. P. Serini. Venezie: Arnoldo Mondadori Editore, 1976 [Appendice 2: Colloquio con il signor de Saci su Epitteto e Montaigne].

* Nenhuma das traduções para o português citadas acima, nem quaisquer das outras listadas, nem mesmo a tradução de A. Ezcurra para o

espanhol, ainda que publicada após a edição do manuscrito autógrafo, baseia-se no texto original de Fontaine.

Edições e traduções do *Memorial*, do *Escrito sobre a Conversão do Pecador* e dos *Pensamentos*

PASCAL, B. *Discours sur la religion et sur quelques autres sujets* (restitués et publiés par E. Martineau). Paris: Fayard/Armand Colin, 1992.

_____. "Mémorial et Écrit sur la Conversion du Pécheur". In: *Œuvres Complètes*. Paris: Desclée de Brouwer, 1991, vol. III; 1992, vol. IV (Texte établi, présenté et annoté par J. Mesnard).

_____. "On the Conversion of the Sinner and The Memorial". In: POPKIN, R. (org. e trad.). *Pascal Selections*. Nova York: Macmillan Publishing Company, 1989.

_____. *Pensamentos*. Trad. M. Laranjeira. São Paulo: Martins Fontes, 2000 [Memorial: La 913].

_____. *Pensamentos*. Trad. S. Millet. São Paulo: Abril Cultural, 1979 (Col. Os Pensadores).

_____. *Pensées* (Texte établi, présenté et annoté par Philippe Sellier). Paris: Bordas, 1991.

_____. *Pensieri*. Trad. P. Serini. Venezie: Arnoldo Mondadori Editore, 1976 [Appendice 1: Il Memoriale].

_____. "Pensées". In: *Œuvres Complètes*. Paris: Seuil, 1963 (Coll. "L'Intégrale").

_____. *Pensées* (Édition présentée, établie et annotée par Michel Le Guern). Paris: Gallimard, 2004.

_____. "Sobre a Conversão do Pecador". In: *Opúsculos*. Trad. A. Ferreira. Lisboa: Guimarães Editores, 1960.

Bibliografia sobre Pascal em língua portuguesa

ADORNO, F. P. *Pascal*. Trad. M. Laranjeira. São Paulo: Estação Liberdade, 2008.

ATTALI, J. *Blaise Pascal ou o gênio francês* Trad. I. C. Benedetti. Bauru: Edusc, 2003.

FIGUEIREDO, J. *Pascal e a inquietação moderna*. Rio de Janeiro: Annuario do Brasil, 1922.

GOUHIER, H. *Blaise Pascal: conversão e apologética*. Trad. E. Itokazu e H. Santiago. São Paulo: Discurso Editorial, 2005.

LEBRUN, G. *Pascal. Voltas, desvios e reviravoltas* Trad. L. R. Fortes. São Paulo: Brasiliense, 1983.

OLIVA, L. C. *As marcas do sacrifício*. São Paulo: Humanitas, 2004.

PONDÉ, L. F. *O homem insuficiente*. São Paulo: Edusp, 2001.

_____. *Conhecimento na desgraça*. São Paulo: Edusp, 2004.

* Em português e excetuando-se os artigos de periódico, a bibliografia sobre Pascal não é extensa. A título de introdução, há o livro de F. Adorno, que centra-se nas noções de antropologia, método e política, mas peca por ser um pouco esquemático, sobretudo quando comparado à verve filosófica do de G. Lebrun, cujo capítulo 4, intitulado "O Ponto Imperceptível", merece ser ressaltado. A biografia feita por J. Attali serve como introdução à vida de Pascal e ao contexto francês da primeira metade do século XVII, mas incorre em algumas imprecisões, notadamente quando trata da *Conversa*. O livro de H. Gouhier é uma referência importante, de que convém destacar o capítulo VIII, "A recusa da filosofia na nova apologética". Os livros de Pondé são estudos da antropologia e da epistemologia pascaliana ao passo que o de Oliva privilegia a noção de história. Jackson de Figueiredo, importante figura da filosofia no Brasil no começo do século xx, num tom bastante pessoal e ensaístico, explora o conceito de anti-intelectualismo para compreender Pascal.

Bibliografia dos autores citados na *Conversa*

AGOSTINHO. *Confissões*. 2ª ed. Trad. J. O. Santos e A. A. Pina. São Paulo: Abril, 1980 (Col. Os Pensadores).

DESCARTES, R. *Meditações* 2ª ed. Trad. J. Guinsburg e B. Prado Jr. São Paulo: Abril, 1979 (Col. Os Pensadores).

EPITETO. *Dissertaciones por Arriano*. Trad. P. O. García. Madri: Gredos, 1993.

_____. *O Encheirídion de Epicteto* (edição bilíngue). Introdução, tradução e notas de A. Dinucci e A. Julien. São Cristóvão: Universidade Federal de Sergipe, 2012.

MONTAIGNE, M. *Os Ensaios*. Trad. R. C. Abílio. São Paulo: Martins Fontes, 2000, vol. I-II; 2001, vol. III.

SEXTO EMPÍRICO. *Outlines of Pyrrhonism* and *Adversus Mathematicos*. Trad. R. G. Bury. Londres: Harvard University Press, 1987 [1ª ed., 1933-49], vol. I-IV (The Loeb Classical Library).

_____. "Hipotiposes pirrônicas". Trad. D. Marcondes. *O que nos faz pensar*, n. 12, 1997, p. 115-122.

* As *Confissões* de Agostinho possuem diferentes edições em português, mas a mais acessível possivelmente ainda é a publicada na coleção "Os Pensadores", tal como ocorre com as *Meditações* de Descartes. Os *Ensaios* de Montaigne também encontram-se nessa coleção, mas a tradução publicada pela Martins Fontes é melhor. O ensaio *Apologia de Raymond Sebond*, a que Pascal se refere nominalmente na *Conversa*, constitui o capítulo 12 do volume II. A obra de Sexto Empírico não possui tradução para o português, exceto pelos *Esboços do Pirronismo*, capítulos 1 a 12 do livro I, traduzidos por D. Marcondes. Em francês, inglês e espanhol, há outras traduções de Sexto Empírico, particularmente dos *Esboços do Pirronismo* (como a de P. Pellegrin, publicada pela Seuil em 1997; a de J. Annas e J. Barnes, que saiu pela Cambridge University Press em 1994; e a de A. G. Cao e T. M. Diego editada pela Gredos em 1993), mas nenhuma, como a de R. Bury, de sua obra completa. No caso de Epiteto, há uma recente tradução para o português do *Manual*, mas pode-se recorrer também à edição espanhola feita por J. M. de la Mora (Barcelona:

Anthropos; Madrid: Ministerio de Educación y Ciencia, 1991) ou consultar a tradução italiana de C. Cassanmagnago (Milão: Bompiani, 2009), a inglesa de W. A. Oldfather (editada pela Havard University Press, 1ffi ed. 1925-28), ambas contendo a obra completa de Epiteto, inclusive os fragmentos, ou as traduções francesas de J. Souilhé e A. Jagu das *Dissertações* (coleção Les Belles Lettres, originalmente em quatro volumes, 1943-65) e de P. Hadot do *Manual* (coleção Livre de Poche da Librairie Générale Française, 2000).

Esta obra foi impressa em Curitiba no inverno de 2014 pela Reproset Indústria Gráfica. No texto foi utilizada a fonte Scala em corpo 10,5 e entrelinha de 16 pontos.